U0602732

小学劳动项目能力目标体系新解及主题设计案例

王开桥　李　伶　著

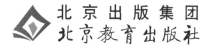

北京出版集团
北京教育出版社

图书在版编目（CIP）数据

小学劳动项目能力目标体系新解及主题设计案例 /
王开桥，李伶著. -- 北京：北京教育出版社，2023.4
ISBN 978-7-5704-5402-0

Ⅰ.①小… Ⅱ.①王… ②李… Ⅲ.①劳动课—教案
（教育）—小学 Ⅳ.① G623.92

中国国家版本馆 CIP 数据核字 (2023) 第 075294 号

小学劳动项目能力目标体系新解及
主题设计案例

王开桥　李伶　著

*

北京出版集团
北京教育出版社　出版
（北京北三环中路 6 号）
邮政编码：100120
网址：www.bph.com.cn

京版北教文化传媒股份有限公司总发行
全国各地书店经销
北京建宏印刷有限公司印刷

*

710 mm×1 000 mm　16 开本　17.25 印张　282 千字
2023 年 4 月第 1 版　2023 年 4 月第 1 次印刷
ISBN 978-7-5704-5402-0
定价：98.00 元

版权所有　翻印必究

质量监督电话：(010)58572525　58572393
购书电话：18133833353

2018 年 9 月，习近平同志在全国教育大会上阐释教育目标时首次完整提出"培养德智体美劳全面发展的社会主义建设者和接班人"。2020 年 3 月，《中共中央 国务院关于全面加强新时代大中小学劳动教育的意见》明确指出，劳动教育是国民教育体系的重要内容，是学生成长的必要途径，具有树德、增智、强体、育美的综合育人价值。劳动教育贯穿并作用于其他"四育"，在教育体系中具有基础性、先导性、全局性的地位，是学生成长成才的"必修课""基础课"，是学生全面发展的必要途径。

马克思指出："未来教育对所有已满一定年龄的儿童来说，就是生产劳动同智育和体育相结合，它不仅是提高社会生产的一种方法，而且是造就全面发展的人的唯一方法。"2015 年 7 月，教育部、共青团中央、全国少工委联合印发《关于加强中小学劳动教育的意见》，指出"通过劳动教育，提高广大中小学生的劳动素养"，"各地各校可结合实际在地方和学校课程中加强劳动教育"。2022 年 3 月，教育部发布《义务教育劳动课程标准（2022 年版）》。自 2022 年秋季学期开始，劳动课正式成为中小学的一门独立课程。该标准依据学生的年龄特点设置了"生活起居、家居整理、简单烹饪"等日常生活劳动，"纸艺陶艺、布艺结绳、种植养殖"等生产劳动，"班级管理、校园服务、岗位体验"等服务性劳动。该标准更强调实施，根据教育目标制定了不同学段目标，显示了国家全面实施劳动教育前所未有的力度与决心。

目前，劳动教育正在全国各地轰轰烈烈地开展，重点是在系统的文化知识学习之外，有目的、有计划地组织学生参加劳动，培养学生正确的劳动价值观和良好的劳动品质。课程是落实教育思想、教育目标和教育内容的主要载体，是学校教育教学活动的基本依据。要实现劳动教育的育人价值，必须要有课程作支撑。有了课程特有的规定性和规范性的制约才能使劳动教育的育人目标得到系统有效的落实。如何将劳动教育课程内容进行连续设计，构建整体化、系列化主题设计活动是目前学校面临的主要问题。

本书第一作者为武汉东湖新技术开发区教育发展研究院王开桥院长，第二作者为武汉市光谷第十二小学李伶校长。全书内容包括 5 大核心能力目标体系新解和 12 个主题设计案例。本书第一部分讲解的 5 大核心能力包括"认识劳动重要性，样样事情学着做""养成习惯会自理，个人起居我能行""手脑并用显创意，实践锻炼要牢记""家庭劳动勤承担，物品收纳归整齐""同伴交往共合作，思维发散扬个性"。笔者对核心能力目标体系的表现标准进行了详细的解读，并提供了教师在指导时的策略和相关评价工具。如何依据能力目标体系开发课程，如何指导学生在劳动实践中落实能力指标，如何评价指标的达成，在本书第二部分武汉市光谷第十二小学的老师们分年级、分学期提供了 12 个劳动项目主题设计案例，详细呈现了每课时的活动设计。这 12 个主题设计案例分工如下：一年级上学期"动手整理我最棒"由张洋、谭姣姣撰稿；一年级下学期"卫生清洁小帮手"由黄海燕、朱毅聃撰稿；二年级上学期"养蚕知识人人学"由刘彩虹、吴冬霞撰稿；二年级下学期"可爱蚕宝变身记"由徐丽珍、王颂扬撰稿；三年级上学期"樱花知识大观园"由刘卉、商妍撰稿；三年级下学期"赏樱品樱烹饪季"由曹蕾、易轩正撰稿；四年级上学期"巧制光谷之建筑"由孔蓉、夏耘撰稿；四年级下学期"光谷建博寻访记"由周苗苗、沈玉涵撰稿；五年级上学期"种植培育小工匠"由汪钦、熊丽亚撰稿；五年级下学期"蔬菜水果巧经营"由汪立辉、周琴琴撰稿；六年级上学期"绿植美化饰校园"由舒鑫宇、王文颖撰稿；六年级下学期"小初衔接我成长"由杨梅、王宁缘撰稿。本书得以出版要感谢湖北第二师范学院教育科学学院余娟博士，她对全书进行了整体框架设计，并承担了部分内容撰写和统稿工作。

新时代人才培养体系要求全面加强劳动教育，增强劳动教育的时效性。劳动教育是一项长期、复杂的系统工程，需要持续施教及多方力量的协同配合。本书所呈现的研究成果具有很强的思想性、实践性、指导性和可操作性，可以帮助学校和教师解决劳动方案设计中的困惑，指引课程实施方向，是小学劳动项目实施的重要依据。但劳动教育是一门处在探究中的课程，需要我们不断学习，不断实践，在发展中去完善。

李 伶

2023 年 4 月

Contents
目录

第一部分　小学劳动项目能力目标体系新解

第二部分　劳动主题设计案例——武汉市光谷第十二小学

第一部分　小学劳动项目能力目标体系新解

核心能力1　认识劳动重要性，
样样事情学着做

革命导师马克思在妻子燕妮问他世界上什么最光荣时坚定地回答："劳动最光荣。"2020年11月24日，习近平总书记在出席全国劳动模范和先进工作者表彰大会时强调："劳动是一切幸福的源泉。"回首过去，中华民族从站起来、富起来再到强起来的伟大飞跃，从贫穷落后到成为世界第二大经济体，从一穷二白到全面建成小康社会，都是通过劳动实现的。近年来，在学生中开展劳动教育已经成为趋势。2018年9月10日，习近平总书记在全国教育大会上强调："要在学生中弘扬劳动精神，教育引导学生崇尚劳动、尊重劳动，懂得劳动最光荣、劳动最崇高、劳动最伟大、劳动最美丽的道理，长大后能够辛勤劳动、诚实劳动、创造性劳动。"新时代的学生应该通过积极劳动，充分认识劳动的重要性，学会在劳动中进行实践。

一、认识劳动重要性

人在劳动中所具有的高尚劳动情怀和崇高劳动精神是人的本质属性在劳动实践中的根本体现，也是劳动者更积极主动地从事社会生产、创造人类文明、确证人的本性和实现人生幸福的内在动力。在新的历史时期，简单劳动向复杂劳动转变并"表现为人以生产过程的监督者和调节者的身份同生产过程本身发生关系"，这就要求劳动者必须具备更加丰富的生产知识和劳动技能以适应科学技术的发展和社会化大生产，必须具有高尚的劳动情怀和崇高的劳动精神以应对越来越复杂的社会关系的考验和利益关系的挑战。劳动实践是能力和情怀并重的。小学阶段的学生具有一定的可塑性，这个阶段是培养孩子良好的学习习惯、学习能力的黄金时期。教师如果能在这个阶段设计合理的劳动项目，让他们进行劳动实践，一定会使他们受益匪浅。

（一）在劳动教育目标的变迁中认识劳动重要性

中华人民共和国成立以来，我国教育事业获得较大发展，而劳动教育作为我国教育事业的重要内容之一，其发展大致经历了以下三个阶段：第一阶段（1949 年至 1976 年）即劳动生产教育期，这一阶段的劳动教育关注学生尤其是各学段毕业生的体力劳动；第二阶段（1977 年至 1998 年）即思想教育和劳动技术教育并举期，这一阶段劳动教育的目标是培养学生热爱劳动的思想和掌握基本的劳动技术；第三阶段（1999 年至今）即社会实践教育期，这一阶段的劳动教育注重培养学生良好的技术素养和综合素质。通过以上劳动教育目标的发展与变迁，我们可以得出结论：随着社会经济发展水平的不断提高，我国的劳动教育经历了由注重"体力教育"到注重"能力教育"的演变，劳动教育的重要性日益彰显，我国的劳动教育对学生的综合素质和综合实践能力方面的要求也在不断提高。因此，教师在进行小学劳动项目规划时，可以结合各个时期出台的政策，根据劳动教育目标变迁的相关内容，发现规律，充分认识劳动的重要性，指导学生在劳动中进行实践。

（二）通过体会劳动教育高阶能力的价值认识劳动重要性

劳动教育高阶能力是劳动能力的核心素养之一，它突出了学生在解决劳动实践问题中较高层次的思维能力和在人际交往中与自我、他人、社会形成良好关系的情绪智力。简而言之，学生在劳动中不仅学到一些简单的劳动技能，还提高了理解、分析问题的能力及变通与迁移的能力，同时能在与同伴的合作劳动中学会积极思考问题，主动承担社会责任。因此，教师在进行小学劳动项目规划时，可以融入创造性元素，逐渐培养学生在劳动中进行反思与质疑的习惯，习得创造性思维，这对他们今后的学习和生活都会产生积极作用。而在劳动中，学生也能学会迁移，将劳动关系代入未来职场的工作关系，协调自己与他人的利益关系，发展自身解决问题的能力，确立自己作为劳动者的责任主体意识，愿意劳动，乐于共享劳动成果，并能创造性劳动。从大的方面来讲，人人都积极承担责任，社会才能真正和谐发展。例如，贵州省黔东南州凯里市的《劳动励心智 实践促成长 积极探索"农耕＋"劳动教育模式》被教育部基础教育司评选为"全国中小学劳动教育典型案例"。按照"农耕＋"劳动教育模式，凯里市十五小的学生在老师指导下学习种植技术，开展劳动教育，让学生通过劳动身体力行地体验该区域特有的山地农耕文化，在进行农耕的同时观察作物随节气变化的特征，得出规律，培养学生吃苦耐劳的精神和创造性思维。学生在与同伴进行合作种植时，一方负责耕地，另一方负责种植作物等，相互协作，培养了他们的劳动责任意识。随着小学生心智的不断成熟，他们在认知上较为全面、客观、辩证，对人、事、物有了较为清晰的认识，已经能在参与劳动的过程中体会到劳动教育高阶能力的价值，从而重视劳动。

（三）通过感知劳动带来的幸福认识劳动重要性

当提到"劳动"时，我们不免产生辛苦、劳累的感觉，难以将其与幸福联系起来，这也是很多教师和学者在规划小学劳动项目时感到棘手的问题。其实从字面意思来看，劳动教育是"劳动"与"教育"的合成词，而教育是注重人的幸福感的。教育家斯宾塞说过："教育为完美的生活做准备。"这里所说的"完美的生活"可以理解为"幸福的生活"，由此可以看出，劳动教育应能让人感受到幸福。结合学者童宏亮的"劳动教育以幸福为旨归"的三个子命题，笔者认为劳动在以下三个方面让人感受到幸福。

1. 劳动教育让人获得身体幸福

随着社会经济水平的不断提高以及社会生产力的巨大飞跃，人工智能迅速发展，人们逐渐从繁重的体力劳动中解放出来，劳动与享受共存的机会不断增加。劳动已经不再是简单的单向付出了。学者徐海娇强调，一旦人的身体在劳动教育中缺席，就会表征为"去身体化"的劳动教育途径，从而彻底抛弃了身体作为存在之根的主动性、尊严性、能动性等内在固有属性。换言之，人长期不参与劳动，大脑的主动思维能力必然会下降，人也会变得懒散和迟钝，身体机能也会不断衰退。如果社会上人人都不参与劳动，就不会有商品生产出来，人类将无法获得生存资料，也就无法生存。反之，如果人人积极参与劳动，就可以满足自身生活的需要，让自己过得更舒适，也就获得了身体幸福。

2. 劳动教育让人获得精神幸福

劳动教育不仅要让学生感受到丰富多样的劳动形式，产生劳动体验，还要发挥其教育功效。有的学校开设的劳动课程被狭隘地理解为打扫卫生、清理垃圾、除草等活动，学生仅仅是为了完成集体分配的任务才被动地投入劳动当中，没有调动其主观能动性，没有获得劳动所带来的满足感和信心，这样的劳动也就发挥不了其应有的作用，劳动要让学生获得精神幸福感。诚如苏霍姆林斯基所言，劳动教育能够让青少年在劳动中最充分、最鲜明地展示他的天赋才能，并给他带来精神幸福。由此可见，精神幸福是劳动教育不可或缺的价值追求。让青少年在劳动中最充分地发挥才能、挖掘自身潜力是劳动教育获得幸福的关键，如上海市建平中学西校开展的独具特色的校本劳动课程"男子汉"与"大家闺秀"，让男孩学习简单修理家具、电器，掌握换灯泡、换保险丝等简单的生活技能，让女孩学习简单的刺绣、钉纽扣、缝校服姓名牌等日常生活技能。这些劳动课程的开展可以激发学生的学习兴趣，他们掌握基本的工作原理不是通过教师单向知识灌输，而是通过自己主动"发现"。学生通过自我探索充分发掘自身潜力，取得劳动成果，内心就会充满成就感，从而获得精神幸福。

3. 劳动教育让人获得交往幸福

马克思指出，离开一切社会联系和社会关系，人只能作为非现实的、抽象的人而存在，因而人始终是"社会的产物"。由此可见，物质生活和精神生活的幸福均是建立在社会交往基础上的。正如上文所言，在劳动教育中学生通过积极参与和主动交流，打开自己的心扉，从私人领域进入公共领域，培养自己的责任感和归属感，从而获得幸福感。具体来说，在劳动中学生相互交流、共同合作、取长补短，有助于启发他们学会合作学习，一起解决困难，提升交往能力，实现社会性的发展。此外，有经验的教师还可以引导学生在劳动中为班级谋福祉、做贡献，增加班级的凝聚力和认可度，最终为自我承认奠定基础。

因此，劳动可以让我们从各个方面获得幸福，当学生接受劳动教育，在自我实践的过程中真真切切地感受到劳动带来的幸福时，他们必然会认识到劳动的重要性。通过劳动项目学生会逐渐认识到劳动的重要性。但是光有对劳动重要性的认识是不够的。毛泽东同志指出："只有人们的社会实践，才是人们对于外界认识的真理性的标准。""真理的标准只能是社会的实践。"学会正确地看待劳动，开展劳动教育，我们还需要付诸实践，提升劳动者对劳动教育的理性认识。我们应该深刻了解劳动，知晓劳动在人类历史进程中的意义和价值，知晓劳动者在劳动过程中的职责和义务，知晓社会化大生产中各个环节的技术要求，把自己的劳动代入社会历史进程中，深刻理解"知识就是力量""知识改变命运""知识就是财富"等生活真谛，提升作为劳动者的自身素养和各方面的能力。当然，在这个环节中学校教育、家庭教育、社会教育都应该发挥其重要作用。

二、样样事情学着做

（一）将劳动融入生活，让孩子在生活中学着做

劳动体现在生活的方方面面，对于小学生而言，他们主要是在学校生活与在家庭生活中劳动。在学校生活中，教师可以安排布置统一的劳动，如在集体大扫除时擦拭门窗、拖地、清理教室内外的垃圾等，或者在劳动课上教学生种花、种菜等，这些看似简单的劳动行为，实则可以让学生掌握一些劳动技能，学会如何与同伴协作，尊重他人劳动，培养责任心。同时，在劳动的过程中，学生也能体会到劳动的不易，养成注意卫生、爱护公物的良好习惯。儿童是祖国的花朵，他们养成良好的劳动意识有利于社会的和谐发展。而在家庭生活中，学生的劳动则需要父母协助完成。这里的"协助"并不是简单指父母帮忙完成，而是指父母在制定劳动任务、进行劳动规划时，要考虑到劳动的难易程度以及劳动的强度等。孩子的年龄不同，其动作技巧、认知程度、耐心以及体力等均不相同，父母可以根据孩子现阶段所具备的能力合理地安排劳动项目，避免孩子因为挫折而对劳动产生抵触和畏惧的心理。例如，孩子年龄较小时可以进行摆餐具、收纳物品等活动，等年龄大一点后再让他学习整理房间和书籍物品等，培养孩子的秩序感和条理性，最后过渡到高难度的家庭劳动。对于较低年龄阶段的孩子，家长可以将家务劳动"游戏化"，把做家务打造成像玩游戏一样的"闯关升级"模式，将不同的家务设置不同的难度。比如，要连续一周在吃饭时整齐摆放碗筷才能在周末时和奶奶一起包饺子；要把衣柜里的衣服按不同材质整理清楚才能获得学习使用洗衣机这项新技能。这样一来，孩子不会再觉得做家务是一件枯燥无味的事，而会为了下一个有趣的目标坚持做家务，把做家务当成做游戏。安徽省亳州市夏侯小学分校开展的劳动教育活动就是如此，为了贯彻落实"双减"工作要求，进一步培养学生的劳动意识，提升学生的劳动技能，激发学生关爱家人、体谅父母的情感，培养学生良好的劳动习惯，引导学生在

劳动中树立正确的价值观，该校将劳动教育从学校延伸到家庭，让学生帮父母洗碗、洗菜等。通过劳动，孩子们体会到了长辈的辛劳，用实际行动展现自己的责任与担当，提升自己的品格。由此看来，教师将劳动融入孩子的生活并不是一件简单的事情，要让孩子边学边做，样样事情学着做。

（二）合理规划实施小学劳动课，让学生在实践中学着做

近几年，中央和地方政府出台的相关文件为我国目前劳动教育的实践提供了政策指导，如2020年3月，《中共中央　国务院关于全面加强新时代大中小学劳动教育的意见》（以下简称《意见》）提出，劳动教育在实施中不仅要"遵循教育规律"，还要"明确教学目标、活动设计、工具使用、考核评价、安全保护等劳动教育要求"。可以看出，小学劳动教育是在不断规范化、合理化、科学化的，这也决定了小学劳动教育实施的复杂性。我们必须合理规划实施小学劳动教育课程，让学生科学实践。为此，小学劳动教育课程的实施具体可分为以下五个步骤。

1. 确立劳动目标

小学生大脑发育尚不完善，神经系统兴奋和抑制过程发展不平衡，自制力差，容易发生注意力不集中等情况。确立劳动目标，有助于小学生合理组织自己的知觉和注意力，使其关注点更多地维持在劳动任务本身，从而更好地进行劳动实践。教师在确立小学生劳动目标时，可以重点关注以下两个方面：①根据不同阶段学生的年龄特征、身心发展规律、性别差异等因素，选择不同种类和强度的劳动项目内容。合适的劳动任务可以激发学生的劳动热情，进而提高劳动的质量和效率。②引导小学生从生活需求出发，选择和确定劳动目标。只有当学生自己感到劳动对他们的生活有意义时，他们才能更专注地投入劳动，有效促进其感知力和观察力的发展。例如，低年级的小学生可以整理个人书桌，当他们看到书桌更整齐时，便会产生劳动成就感，以后也能更积极地投入劳动中；高年级的小学生可以打扫班级卫生，当他们通过协作劳动使教室更加干净整洁时，便会从内心产生自豪感，激发其参与劳动的动机。另外，协作劳动还能提升班级凝聚力。

2. 熟悉劳动环境和工具

小学生的心智尚不成熟，安全意识较为薄弱，因此在开展劳动教育时，教

师一定要注重劳动安全教育，强化劳动纪律和劳动风险意识，指导小学生掌握应对突发情况的方法，如山西省太原市迎泽小学为了培养学生热爱劳动的良好品质，引导他们在校园进行除雪劳动。在课堂上老师首先为学生讲解了有关清雪劳动的技能技巧及注意事项，提醒他们注意安全。在操场上除雪时，老师又为不同的学生安排了不同的除雪工具，又反复提醒一些重要的安全事项，让他们在安全和愉快的环境中进行劳动实践。另外，瑞士心理学家皮亚杰的认知发展阶段理论表明，此年龄阶段的学生能凭借具体事物进行逻辑思维和群集运算，但他们形成概念、发现问题、解决问题都必须与他们熟悉的物体或场景相联系，还不能进行抽象思维。因此，提前让学生熟悉劳动环境和工具有利于提前做好心理准备，提高其参与劳动的积极性。

3. 制定劳动计划并实施

教师可以结合劳动的条件和本班学生情况，借助视频和思维导图等形式指导小学生确定合适的劳动方案。因为小学生的思维发展水平还不足以支撑其独立地制定劳动计划，所以教师要适当协助，有计划、有目的地培养他们制定符合现阶段能力的劳动计划。教师在制定计划的过程中还可以训练小学生的逻辑思维能力和数学运算能力，调节其劳动进度，合理分配心理资源。而在实施劳动计划的过程中，教师可以将其分解为若干个小步骤，再身体力行地进行示范。因为低年龄阶段的学生记忆容量较小，也没有形成一定的解决问题的能力。根据美国心理学家班杜拉的社会学习理论，个体以旁观者的身份观察他人的行为表现就可习得社会行为。而对于小学生来说，教师无疑是小学生进行观察学习的最好榜样，其示范作用对小学生影响巨大。

4. 观察劳动进程

教师可以通过观察劳动进程，引导小学生对自己的劳动行为进行及时调整，督促其更好地完成劳动任务，养成自觉检查的劳动习惯。同时，通过观察劳动进程，教师可以检查学生的任务是否完成、完成的步骤是否正确、完成的质量是否达标等，强化学生劳动规范意识，减少不必要的损失，提高劳动质量和效率。

5. 展示劳动成果，反思劳动效果

教师可以通过多种形式展示学生的劳动成果，如在教室门口粘贴打扫过后的教室照片、展示同学们制作的手工艺品等。教师还可以事先制定评选的标准，在同学们中间选出优秀的劳动模范，评选应透明、公平、公正，让同学们信服。

在小学阶段，同伴间的行为影响非常大，小学生喜欢模仿、善于模仿，如此可以让他们产生积极的劳动体验，珍惜劳动成果，树立劳动荣誉感。同时，教师也可以运用直接强化、替代强化和自我强化等学习强化形式。在鼓励表扬之后，教师还要引导学生反思劳动效果，可以用提问的方式。例如，"通过这次劳动，你学会了什么？""看到自己的劳动成果，你有什么感受？""你从本次劳动模范的身上学到了哪些精神，你今后打算如何向他学习？"等。教师对学生积极的、正面的回答应及时予以肯定和表扬，鼓励学生下次做得更好，而对学生消极的态度和行为应及时纠正，防止出现不正确的行为表现。在这个过程中小学生既掌握了一定的劳动知识与技能，又提升了自己的认知水平。可以看出，劳动教育带来的影响是多层面的。

劳动教育要培养和训练学生创造幸福的能力，让他们在劳动过程中感受到合作的快乐和体验劳动创造幸福的乐趣。心理学教授李玫瑾曾说过，抓住孩子的小学阶段，重点不要放在成绩上，而要着重培养其能力。我们应该明白，人生的一切价值和美好生活都要依靠自己的劳动去创造，将自己的幸福生活寄希望于别人的恩赐是不现实的。在劳动过程中，劳动者的主体性特征和主观意志在劳动成果上打上了烙印，个人的创造意愿和个性特征通过劳动创造体现在自己的劳动产品中，从而把劳动者的价值理念和生活内涵刻画在劳动产品上。因而我们可以知道，劳动实践是培养新时代劳动者和优秀新人的重要途径。习近平同志多次强调，劳动奋斗才能实现幸福人生，"只有为人民作出了奉献的青春，才会留下充实、温暖、持久、无悔的青春回忆"。

（三）注重学生自律意识，让自律沁润劳动实践

重视劳动教育，不仅是全面落实党的教育方针的需要，也是培养合格学生的需要。在学校里，学生既是接受管理的客体，也是参与管理的主体，要加强自我教育、自我管理、自我服务（"三自"）的自律意识。而劳动教育对培养这些自律意识的作用是不可小觑的。各级各类学校和各级教育行政部门都应该将青少年的劳动教育纳入日常工作之中，采取各种措施积极落实劳动教育的目标。各类教育机构和行政部门必须承担起为国家培养合格劳动者的历史重任，将劳动教育的价值目标、重要意义、具体内涵、应有情怀和对劳动人民的深厚情怀落实到学校教育和社会教育的各个环节当中，特别是在小学阶段，因为这

一阶段是小学生行为习惯养成的重要时期，学校可以开展个人生活卫生和校园环境卫生的劳动教育，帮助学生树立"劳动最光荣"的观念，使劳动的种子在学生心中萌芽。同时，学校也要将劳动教育的理念和内涵贯彻在人才培养方案、教育教学计划、劳动教育课程、教育考核机制和教育实践行动中，这样才能真正做到全方位、多角度地落实劳动教育政策。

1. 自我教育

学生自我教育是其自律意识的重要表现。一切教育都可以归结为自我教育，学历和课堂上所获得的知识都是暂时的，自我教育的能力却是一笔终身财富，一个人最终是否成才，往往不取决于学历的高低和所学知识的多少，而取决于是否善于自我教育。提高自身的思想觉悟，加强辨别是非的能力，树立正确的世界观、人生观和价值观等都是加强学生自我教育意识的重要途径。而劳动教育和劳动实践恰恰可以让小学生在校学习期间体会到劳动的光荣和无私奉献的神圣，从而体验自己人生的价值。社会要建设劳动光荣的制度环境和崇尚劳动创造的文化氛围，让劳动教育厚植人民创造美好生活和实现人生幸福的文化基因。评判一个社会的制度体系和文化环境是否公平正义的根本标准，就是看这个社会的制度体系和文化内涵是如何对待普通劳动者、如何评判劳动创造与人生内涵的。公平正义的社会一定会着重保护普通劳动者的合法权益和价值创造能力，崇尚劳动自由、劳动伟大等价值理念。因此劳动教育不仅仅是让学生懂得劳动创造的伟大和劳动价值的崇高，还应该教会广大学生敬重社会主义劳动制度的科学原则和公平正义，让他们在崇尚劳动精神、尊重劳动创造的文化氛围中实现自己的美好人生。

2. 自我管理

劳动最能发挥学生自我管理的作用。学生的劳动实践大多依靠的是其主观能动性。在劳动实践中，学生组织纪律性不断提高，同伴之间的协调、整体工作的指挥、创造性的尝试，都说明了学生自我管理能力的提高。例如，在学校"小管家"情景养习行动研究课题中，教师让学生尝试把自己的物品合理、整齐地归放到自己的抽屉里或桌面上，或者通过"空间规划布局""空间合理利用"让学生自己规划如何合理利用自己的空间，使空间利用最大化，这就是让学生在自我管理中自主成长。在这一研究课题中，劳动只是"小管家"活动内容的一个方面。学生还应具备在劳动中总结经验、掌握规律的能力，将劳动经验梳理为管理经验。学生通过手脑并用的劳动在生活中积累经验，掌握生活各个方面的好办法，从而对自己的生活进行自主管理。

3. 自我服务

从长远角度考虑，当小学生长大成人，走出校门步入社会时，他们便会进入人才市场找工作，从依赖国家统一分配就业到靠自己的能力、自身条件、优势等竞争就业。面对双向的选择，学生一方面要具有择业能力、风险意识、谋生手段，另一方面要具备基础知识、基本技能、分析问题和解决问题的能力。而针对这些变化，在劳动教育和劳动实践中，学生更愿意在激烈的竞争中迎接挑战，主动发掘自身潜能，施展自己的才能，提高自己的境界，从而使自己的人生价值最大化，自我服务的层次更高。例如，湖南湘江新区凌云小学举行的云顶种植大丰收劳动实践暨爱心义卖活动。凌云小学在学校楼顶开辟了"云顶"种植园，让学生走进小菜地进行种植活动，观察农作物的生长过程，体验劳动的艰辛和收获的喜悦。在义卖活动开始时，他们的自制食品，如纸杯蛋糕、柠檬凤爪、烤肠、卤味等也成为一大卖点，这些都是同学们通过自己的劳动制作的。各班级自己设计了海报和特色宣传板，同学们纷纷为本班的"商品"代言，最后大家还将本次爱心义卖的善款捐赠给需要帮助的人。这些都是同学们通过劳动教育在互相竞争中发掘自身潜力、施展自己才能的体现。

总之，劳动教育对当代社会有着特殊的作用。威廉·配第曾说"劳动是财富之父"，强调的是依靠劳动获得财富的过程，社会的进步与发展是离不开劳动的，因此劳动教育间接推动了社会的发展。首先，劳动教育可以帮助学生认清劳动在社会历史发展过程中的重要性。正如上文所提到的，劳动在我们国家不同时期都发挥着不可忽视的作用。当代劳动的形式主要有脑力劳动和体力劳动两种。当今社会时常把脑力劳动看作一种智慧的象征，却轻视体力劳动的作用，甚至有歧视、贬低体力劳动者的不良倾向，这样的观念其实是不可取的。体力劳动在我们日常生活中发挥着举足轻重的作用，如我们平时吃的米饭、穿的衣服、使用的工具、干净整洁的公路，都是体力劳动者的劳动成果。教师要教导学生树立正确的劳动观念，平等地对待所有劳动者，重视体力劳动，体谅劳动者的艰辛，珍惜劳动成果，为自己以后的发展打好基础。其次，劳动教育可以纠正学生对劳动的错误认识。随着互联网的不断发展，许多学生对未来生活感到迷茫，羡慕同龄人已经当上了"网红"，在生活中标新立异，希望像他们一样一夜暴富，认为这是不必通过自己的劳动而获得成功的"捷径"。其实，对于大多数人而言，这并不是一份人人都可以实现人生价值、为社会做出贡献的职业，教师应该及时纠正学生这种错误的认识，让他们清楚只有通过自己的双手脚踏实地地工作才能致富。劳动教育能让学生更加充分地体会到劳动的不易，让学生建立起强大的内心，勇敢追逐自己的梦想。再次，劳动教育可以帮助学生养成劳动习惯。不论是在学校、家中还是其他场所中，教师和家长都应该对积极劳动的孩子给予肯定和鼓励，激发孩子的劳动热情和信心，从小养成的良好劳动习惯可以让孩子终身受益。当然，培养孩子的良好劳动习惯是不易的，良好劳动习惯的养成需要一定的时间和正确的教导，因而，劳动教育要趁早，尽早让学生懂得劳动的意义和作用，教育他们在自己的生活中正确看待劳动与享乐的关系，这对于学生的终身可持续发展有好处。最后，劳动教育有助于学生积极参与社会公益活动，促进社会公益事业的发展。社会的发展离不开劳动，而学生能够接受良好的劳动教育，在学校和课余生活中多多参加劳动实践活动，参与公益性活动等，能够培养正确的劳动价值观念，为社会贡献自己的一份爱心与责任，这对于和谐社会的发展也有很大作用。

作业单

写出你在生活中可以学着做好的几个劳动项目。

主要参考文献

[1] 陈静，黄忠敬．从"体力教育"到"能力教育"：我国劳动教育政策的发展与变迁 [J].中国德育，2015（16）：33-38.

[2] 毛菊，王坦，牟吟雪．高阶能力的发展：劳动教育的时代召唤与回应 [J].教育理论与实践，2021，41（16）：3-8.

[3] 童宏亮．生命幸福：新时代劳动教育的终极旨归及其行动逻辑 [J].西南大学学报（社会科学版），2021，47（4）：163-171.

[4] 徐海娇．劳动教育的价值危机及其出路探析 [J].国家教育行政学院学报，2018（10）：22-28.

[5]　苏霍姆林斯基．给教师的建议（修订版）[M]．杜殿坤，编译．北京：教育科学出版社，1984．

[6]　刘希平，徐慧，郝卫红，等．小学生劳动教育的价值与劳动能力的培养：基于积极行为塑造的视角 [J]．天津师范大学学报（社会科学版），2022（2）：76-81．

[7]　习近平．习近平谈治国理政 [M]．北京：外文出版社，2014．

[8]　崔琳娜，罗建文．能力与情怀并重：劳动教育造就新时代高素质劳动者 [J]．云梦学刊，2021，42（4）：66-75．

核心能力 2　养成习惯会自理，
　　　　个人起居我能行

2019 年 11 月 26 日，中央全面深化改革委员会第十一次会议审议通过了《关于全面加强新时代大中小学劳动教育的意见》，强调劳动教育是中国特色社会主义教育制度的重要内容，要把劳动教育纳入人才培养的全过程，贯通大中小学各学段。劳动教育应以"五育"并举为指引，不断完善实施方式。日常生活劳动是中小学劳动教育的重要内容之一，但其本质上是生活教育。学校开展的日常生活劳动教育，是一种自我服务性和生存性的教育，有利于培养学生良好的劳动习惯和生活自理能力，有利于学生树立正确的劳动价值观，也就是传承中国人的优良"劳动基因"，让小学生懂生活、能生活、会生活。学校也应结合学生实际情况，联合家庭和社区，开展日常生活劳动教育。

一、日常生活中劳动教育现状

（一）学生家务劳动量不足，父母包办现象普遍

家长如果没有正确理解劳动教育的真正价值，就不会对劳动做出正确的判断，从而直接影响对孩子的劳动教育，孩子也无法形成正确的劳动价值观。随着社会的不断发展，人们已经通过劳动创造了更好的物质条件，生活越来越富足，但人们的劳动观念越来越淡薄，家长忽视小学生劳动教育的问题也愈发严重。一方面，家长过于溺爱孩子，毕竟在家长年少的那个时代，大部分家庭为了生存都会历经艰辛，现在物质条件好了，家长不愿意自己的孩子也吃苦，而且现在不少家长将孩子的全面发展局限于学业成绩和艺术培养，十分重视学生的艺术技能培养，如舞蹈、音乐和绘画等。学校的诸多课程加上这些课外兴趣

班就已经占去学生大部分时间，家长自然不舍得学生在休息时间进行家务劳动，这也就让孩子养成"衣来伸手，饭来张口"的不良习惯。另一方面，家长总是望子成龙、望女成凤，认为孩子只需负责上好学，完成学业就是他们最重要的事情，对其他方面的要求不高，所以家长完全包揽了家中大大小小的事务，不让学生插手，认为他们没有必要参与家庭劳动，这就使学生的劳动机会大大减少，劳动量也严重不足。

小学生正处于基础教育阶段，相对来说更加有时间和机会参与劳动，父母可以适当安排一些自我服务性的劳动、家务劳动和一些基础的生产劳动等，让学生从小就养成生活自理的习惯。但有时事与愿违，家长普遍认为只有高学历才能改变命运，总是对学生在文化知识学习方面有着过高期望。再加上现在大部分家庭都是独生子女，家长只想着培养孩子成人成才，对孩子过度保护，在生活上生怕苦了孩子，凡是家长能够做的家务事就不会让孩子做。父母包揽的事情越多，学生能做的就越少。家长真正将孩子当成"花瓶"养着，只允许孩子将时间和精力用在功课上，最后充满爱心的父母就剥夺了学生自我锻炼的机会，导致挖掉了小学生劳动教育的根基。

好习惯需要时间来养成，学生热爱劳动的习惯也是在对其进行反复的劳动教育过程中逐渐形成的。孩子的天性就是渴望做事情、学习和完成任务，家长对孩子进行适当的劳动教育，给予劳动机会，会更加符合孩子天性，帮助孩子健康快乐成长。适当地做些家务劳动，能让学生在劳动实践中体会生活的乐趣与美好，享受自身劳动成果带来的自豪感，进而能让孩子养成热爱劳动的好习惯，而且这种从小培养的好习惯将会使其终身受益。从劳动价值观来看，劳动在孩子的成长和社会的进步过程中都起着至关重要的作用，因此当务之急是让家长对劳动教育有正确的态度和认知，提高家长对学生劳动教育的重视程度，切勿让家长的错误认识使劳动教育偏离正确的轨道。

（二）学校劳动课流于形式，且内容不够丰富，教学与实践脱离

学校安排的劳动仅限于日常的卫生大扫除等，甚至有的学校还会雇用环卫工人打扫学校卫生，直接剥夺了学生仅有的劳动机会。分数决定一切的观念使得学生将全部的时间和精力都投入学习中，一切与学习无关的活动都被取消，一些教师、家长同样认为，学业成绩就是衡量学生的标准，劳动教育是干体力活，

十分简单，自然比不上学生的学业成绩，因此可以放一放，有些家长甚至大包大揽，代替孩子做劳动作业。学生的劳动素养甚至还占了成绩好的便宜，一些教师、家长认定只要学生成绩好，其他方面的素养自然不会太差，即使有些问题也不会有太大的影响。在这种"唯分数论"的导向下，凡是对学生学业成绩可能造成影响的教育活动和内容都是可以剔除的。在这种封闭的思想下，劳动教育完全不被重视，处于一种可有可无的境地，常常陷入"说起来重要，做起来不要"的尴尬境地。这就使学校在学生劳动素质培养方面有很大欠缺。

学校在课程上设置了劳动课，但劳动课的实施情况不太理想。劳动课的教学内容枯燥单一，没有与时俱进。劳动教育课程的实施通常都以国家发布的大纲为标准，但大纲不一定适用于全国各地，如由于城乡差别，城市的学校可以设立专门的劳动教育实践基地，并与科技设备相结合来开展劳动课程，而在农村，科技设备并不完善，农村有现成的农地，组织小学生除草、插秧等都是非常有意义的劳动实践活动，如果农村学校也举办专门的劳动教育实践基地，将会耗费很大的财力物力，这样不结合农村当地情况的、盲目的劳动教育明显与农村的生活实际脱节了。例如，有的学校虽然将劳动课安排在课表上了，但形同虚设，被其他学科课程占用。个别教师认为，升学率就是衡量一个学校教育质量的标准，只要升学率够高，劳动课就没有必要进行，甚至认为劳动课会浪费学生大量的时间和精力。

学校在劳动教育课程实施方面，面临着巨大困难。首先，学校基本没有专门的劳动课师资队伍，劳动课一般由班主任或者其他学科老师代课，在讲授劳动理论知识前没有专门地备课和研究，而是随意应付，但教师作为学校教育的践行者，教育成果的好坏跟学校师资队伍有着较大关系，优秀的教育者更容易教出优秀的学生，学校的劳动教育也是一样的；其次，劳动教育教材质量不高，有的学校甚至没有给学生分发劳动教育课程的相关书籍，这又怎么能够让学生学好劳动教育理论知识呢？目前，劳动教育在全国各地小学全面实施，但是因为多方面的原因和限制因素，教师根据劳动教育理念实施教学时有一定的矛盾，许多教师只是完成了要求的劳动教育任务，并没有仔细研究和思考劳动教育背后的育人价值。

学校不重视劳动教育，没有发挥劳动课的真正作用，甚至把劳动课直接改成自习课或其他学科课程。没有良好的劳动教育和正确的劳动价值观容易造成小学生不愿意劳动、厌恶劳动，一味追求享乐，过度依赖老师和家长，缺乏奉献精神和艰苦奋斗精神。

（三）小学生缺乏实践能力和生活自理能力，部分学生对劳动教育价值的认识有偏差

人的行为主要受个人的思想意识所指引，换句话说，思想是行动的基础，行动由思想支配。如果一个学生思想意识不端正，教师也就无法正确引导其进行实践活动。劳动价值观是思想意识层面的一部分，如果学生没有树立正确的劳动价值观，那么他的行为必定会受到不良影响。要想正确认识劳动价值，必须先具有正确的劳动认知、劳动情感、劳动意志。据调查，有的学生劳动意识相当淡薄，对劳动教育价值的认识有所偏差，他们参加劳动的目的仅仅是获得老师或家长的表扬和奖励，在家中如果没有人要求，就不会主动劳动，连自己的被子都不会叠，总想着依赖父母，不劳而获。对待劳动成果，他们也不会珍惜，虽然珍惜粮食、杜绝浪费是我们中华民族的传统美德，但随着社会的不断发展，人们的物质生活质量逐渐提高，粮食短缺问题有所改善，浪费粮食的行为时有发生，小学生没有体验种植粮食作物的艰辛，也就很难理解粒粒皆辛苦的真正含义。

劳动意志能够有效促进劳动主体有目的、有计划、有意识地完成相应的劳动任务。小学生只有坚定劳动意志才能够高质量地完成劳动任务，如果劳动意志不坚定就容易半途而废，不能完成任务。小学生通常对家务劳动持有消极态度，不会主动完成家里的劳动任务，而对于老师布置的劳动任务，他们会因害怕惩罚而被动地、应付式地完成。在小学生眼中，维持家里的日常卫生、基本的生活起居都是家长应该做的，有调查发现仅有十分之一的小学生会洗衣服，有的小学生到了十几岁都不曾做过家务劳动，连毛巾都不会洗，足以说明现在的小学生严重缺乏生活自理能力。

但总体来看，绝大部分学生能够意识到劳动教育的真正价值和重要性，只有一小部分学生对劳动教育价值的认识有所偏差，认为劳动教育的目的仅仅是锻炼身体，体力劳动只会增加自己的负担。而且，提起体力劳动，人们总会不自觉地将其与脑力劳动对立起来，在一些人眼中，脑力劳动是高级的、先进的，从事脑力劳动才是有出息的，体力劳动更适合作为学校的惩罚手段而不是教育形式或内容。一些教师把劳动作为对差生的惩罚，从而导致部分学生对劳动教育价值的理解产生偏差，甚至觉得劳动可耻。

二、劳动教育对学生的积极影响和作用

（一）实践出真知，知行合一

人们的美好生活都是由劳动创造出来的，如果不劳动，人类也将不复存在，人的生存、发展需要劳动。学校的劳动教育应以现实生活为基础，也就是从现实生活的需要和遇到的问题出发，打破小学生日常生活和劳动教育的界限，多鼓励小学生在真实的劳动体验中手脑并用，身体力行，在这些日常的劳动实践中提升自身的劳动素养。学校应该将学生的衣食住行当作主题开展劳动教育教学，而不是依靠单一的理论知识学习来培养学生的劳动素养，从而将学生的日常生活视作劳动教育的根源，把课堂教学与户外实践相结合。学校还应该让小学生在劳动教育中发挥主体作用，使他们通过自身的实践获得宝贵的直接经验，改变学校的劳动教育教学内容和教学方式，使其更加适应小学生的天性，如多鼓励他们积极参与种树、栽花等各种社会实践活动，使他们在实践中掌握与劳动相关的理论知识，培养劳动能力，提高劳动素养，增长智慧。

生活是学校教育的目的和归宿，也是进行教育的方式和手段。正如美国教育家杜威所说："准备生活的唯一途径就是进行社会生活，离开了任何直接的社会需要和动机，离开了任何现存的社会情境，要培养对社会有益和有用的习惯，是不折不扣地在岸上通过做动作教儿童游泳。"理论与实践相结合的劳动教育方式，能让学生进一步地理解知识内容，并学会运用到生活的场景中去。其实做好每一件日常小事都有着大学问，如人们日常系鞋带的方法，有十字交叉法、上下系法、平直系法（欧式）、平直系法（流行式）等。为了美观，我们可以运用花式系鞋带方法，虽然这是一件非常平凡的小事，但其中的中国传统打结法所包含的打结文化是博大精深的。孩子在受到良好的劳动教育之后会逐渐认识到，人不能只享受劳动成果，更应该从事劳动，不仅为自己服务还要为他人服务，通过自己的劳动给自己、他人和社会带来价值。孩子有了正确的

劳动价值观，就能够更好地为自己、他人和社区服务，也能有效促进学校课程改革取得预期的成果。

劳动教育应是以家庭日常生活教育为依托的实践教育。家校合作是当下的热点话题之一。学校通过家庭对学生进行日常生活上的劳动教育，培养学生自己的事自己做的意识，不再过度依赖父母和老师，培养学生勤俭节约的良好生活习惯，形成生活自理能力。在家庭生活中，家长可以对学生进行劳动教育的内容有很多，如养成自己穿戴、自己洗漱、自己打扫房间、自己整理床铺等生活习惯；帮助父母打理家务，学习简单的烹饪等。近年来，家校合作组织夏令营、旅行活动等，也是培养学生独立生活能力和共同生活习惯的有效措施。它能让学生做到知行合一，在劳动中健康成长，不做思想上的巨人、行动上的矮子。

（二）养成责任担当意识，关心父母长辈

习近平同志指出："青年的价值取向决定了未来整个社会的价值取向，而青年又处在价值观形成和确立的时期，抓好这一时期的价值观养成十分重要。"劳动教育是具有价值属性的教育，虽然劳动教育的开展离不开具体的劳动形式以及专门劳动技术的学习，但真正健康的劳动教育应当特别注重核心目标的达成，即努力帮助学生确立正确的劳动观点，保持积极的劳动态度，努力帮助他们形成热爱劳动、尊重劳动成果和劳动主体——劳动人民的态度。学校的家务劳动课程群是对学生进行劳动教育的主渠道，家庭教育中的家本课程是对学生进行劳动教育的主要内容。学生在学校相善其群，在家独善其身，两者相得益彰，为形成正确的人生观、价值观奠定坚实的基础。

注重担当精神是社会主义核心价值观私德建设的重要内容。劳动教育可以强化学生的担当精神，做家务的过程也可以培养学生的责任意识。有的家长在《家务指南》中记下这样一段话："孩子刷鞋、叠衣服、收拾家越来越棒啦！""宝贝每个周末都帮家里干活，今年的抢收还多亏了他呢！"可见，学生在做家务中逐渐意识到自己是家庭的一分子，不能一味地依赖家长，自己也要对家庭的事情负责任，因而有了担当精神。学生在"想做—能做—会做—巧做—爱做"的过程中有了不同的体验，"自己的事情自己做，别人的事情帮着做"的意识也越来越强。

日常家务劳动是每一个家庭都有的，只要没有超过孩子体力和能力的界限，都可以让孩子学着分担一些，也可以让孩子独立完成一些家务劳动，家长多给孩子提供劳动机会，不仅可以让孩子在劳动中获得满足感，养成爱劳动的习惯，提高孩子的动手实践能力，而且会使他们体验到责任感，如让孩子打扫家里卫生，在打扫干净之后，看到劳动成果，听着家长的表扬或奖励，孩子心里一定会有一种自豪感，认为自己是被需要的，是有价值的。孩子在通过自身劳动之后就会理解家长做家务的不容易，慢慢地也会养成爱干净、不乱丢东西的好习惯，而且在看见有人弄脏地面时，也会制止他人破坏自己劳动成果的行为，孩子心里就会产生一种对其他人负责任的想法。劳动还可以使孩子懂得关心父母、关心他人，促进家庭成员关系融洽。

（三）实现立德树人根本任务，德智体美劳全面发展

劳动教育是全面发展教育的重要组成部分，也是其他各育顺利开展的有效途径。热爱劳动是中华民族的传统美德，劳动教育可以让学生形成正确的劳动价值观，这说明劳动教育也是德育的一部分；劳动教育过程中也会贯穿劳动知识和劳动技能的学习，如如何种菜、栽花，怎样收拾家务等，这说明劳动教育也是一种智育活动；在劳动教育活动中，学生可以锻炼身体，增强身体机能，这说明劳动教育本身也是一种体育；劳动是人们创造美、感受美、体验美的根本实现方式，如看到自己种的树开了花、结了果，眼里是美的，心里也是美的，这说明劳动教育过程中渗透着美育。因此，把劳动教育看作"五育"融合的黏合剂再形象不过了，它将其他各育中的理论与实践相结合，促进学生的全面发展。

人的德行和人格健全是在社会劳动实践中获得的，又是在社会劳动实践中逐步提升与完善的，因此劳动教育是立德树人的重要途径。人的德行是在体力劳动和脑力劳动中养成的，社会道德规范是在劳动过程中形成与发展的，道德规范与劳动方式、生产方式有着直接联系。劳动教育是立德树人的基础性教育。通过接受劳动教育，学生能将生活世界与教育世界联系起来。学生通过适当的劳动教育，做一些家务劳动，不仅能掌握基本的生存技能，还能提高自己的综合素养，促进形成良好的劳动习惯和积极的劳动态度，并在各种劳动活动中丰富情感，明白事理，逐步提高实践能力。而且，劳动教育还能培养学生的社会

责任感和创新精神以及勤奋学习、自觉劳动、勇于创造的精神，为学生的终身发展和人生幸福奠定基础。

家务劳动可以让学生自立。凡是学生自己能够做的事情，应该鼓励学生自己做；凡是学生自己应该做的事情，应该鼓励学生尽力去做。学生在做家务的过程中，能够学会自我管理时间，统筹协调家务与学习的关系，做事短时高效。当学生品尝到自己做的一道菜时，当自己能为晚归的父母准备简单饭菜时，当自己能修理家里破损的小物件时，当自己能照顾弟弟妹妹时……他们得到的是父母师长的赞许，内心也产生美好的感觉，提升了自信心。学生通过动手劳动，感觉到"我"是有价值的，"我"是被需要的，自我价值感也就增强了。学校虽说是教育的主阵地，但也要携手每一个家庭，在更高层次的生活自理技能、生活方式、生活习惯、生活规划等方面进行研究与实践，对学生进行有效的劳动教育，帮助学生树立正确的劳动价值观，促使学生德智体美劳的全面发展。

三、学校与家庭通过劳动教育培养学生的自理能力

（一）加强学生劳动思想教育

劳动教育是学校教育必不可少的内容。学校在教学理念中应渗透劳动教育的真正内涵，使学生通过劳动教育崇尚劳动、热爱劳动。教师和家长应时时刻刻告知小学生生活与教育之间的联系。其实，劳动与教育、与生活紧密相连。家长在日常生活中对学生进行劳动教育更能培养他们的劳动意识；教师在日常劳动活动中融入劳动思想，弘扬劳动创造精神，无形中加强了对学生的劳动教育；学校在校园文化建设中利用感人的事迹宣传优秀的劳动代表人物，评比校园劳动之星，让学生浸润在日常校园劳动教育之中，感受劳动光荣，让劳动教育的思想理念滋养学生的情感。

家长在提升学生劳动素质方面也有重要影响。家长在培养学生成人成才过程中，不仅要关心学生学业成绩的提高，还要关心学生德智体美劳的全面发展。学生具有积极向上的劳动思想，离不开家长对学生的日常劳动教育，所以家长应该首先更新观念，认识到劳动是人们生活的基本需要，它对于学生的成长、适应未来生活必不可少。家长要善于通过自己的言传身教，在日常家庭教育中

建立劳动的责任意识，避免学生产生不劳而获的想法，养成爱劳动的好习惯。教师和家长分别对孩子每周的劳动表现进行客观评价，学校与家庭在平等互助的情况下形成教育合力，共同促进劳动教育实效的提升。

而且，家长是孩子的第一任老师，因此家长平时应该以身作则，发挥榜样示范作用，有良好的劳动习惯、健康的生活习惯，不能以工作忙碌为借口放松自己在日常家务方面的要求。家长对家里的事务最好亲力亲为，如少花钱请保洁人员帮忙打扫卫生等。家长一定要在思想上认识到自己的一些不良行为会在无形中给孩子的思想带来不良影响。家长要学会给孩子安排劳动任务，让孩子在劳动实践中学会各项劳动技能，在家里也应尽量为孩子创造条件和机会，教会孩子必要的劳动程序、方法、要领、技巧等。慢慢地，孩子就能独立，就能够独当一面。在劳动过程中，家长最好亲身示范，让孩子进行反复练习，适时给予孩子适当的引导，如手把手教会孩子洗衣服的正确方式，使用家用电器煮饭的注意事项，给花草树木浇水、剪枝的方法等；平时让孩子学会合理支配自己的零花钱和压岁钱，传授浅显易懂的理财知识，教会孩子合理绿色消费。节假日和周末家长也可以带着孩子去超市买菜、买水果，教他们怎么挑选新鲜的蔬菜、水果，了解家庭的日常开销，让孩子体会赚钱的不易，减少冲动消费。

（二）拓展劳动教育课程实践路径

学校应该丰富劳动教育的教学内容，劳动教育不能只是简单的口头教育、狭隘的教育、空泛的教育，而要有更丰富的内涵。其内容可以适度延伸扩大，根据不同年龄阶段小学生的情况制定详细、具体且能循序渐进稳步实施的劳动教育内容。例如，低年级学生要学会抹桌椅、摆碗筷、帮家人盛饭、剪纸、系绑鞋带、整理书包等；中年级学生要学会洗毛巾、洗内衣、洗碗筷、擦墙壁、整理自己的房间、使用简单的生活用具等；高年级学生则要学会擦地板、洗衣服、做饭、独立去超市购物、简单的缝补和手工等。当然，这些具体的劳动教育内容可根据学校的实际和学生的身心特点提出不同层次的、可变化的劳动要求，以有效增强学生的劳动生活体验。

日常劳动是劳动教育最基本的内容。在学校里，教师可以安排学生轮流当值日生，如擦黑板，打扫讲台卫生，整齐摆放讲桌上的粉笔、黑板擦等，改进班级评价制度，把自我评价、同学评价和教师评价相结合，再给予值日生最终评价，让学生体验劳动的幸福感。教师还可以安排学生轮流打扫班级负责的清洁区卫生，可以每天开一次简短的有关劳动教育的主题班会等，确保每个人每天参与班级的劳动，并及时给予评价。教师通过每天的常规劳动教育工作，让学生养成爱劳动的习惯，学会与他人合作劳动，体会劳动的光荣，从而促进劳动教育日常化、生活化。例如，在放学以后，以及周末或节假日，教师可以联合家长，根据学生的年龄特点、个体差异等，安排适量的家庭劳动作业，帮助学生树立正确的劳动观念；也可以让孩子到敬老院等处开展日常生活协助性的劳动，从而培养尊老敬老的良好品德。同时，学校还要开办家长学校，引导家长转变教育观与劳动观，使其成为孩子家务劳动的指导者和协助者，形成日常生活劳动教育合力，培养学生的生活自理能力，帮助学生形成乐观的生活态度，培养积极健康的生活情趣，从而使学生能够快乐地生活。

（三）创新劳动教育课程考核和评价方式

学校应建立健全劳动教育评价机制，这样能有效引起师生及家长对劳动教育的重视，让人们知晓并不是只有学科成绩决定学生的优异，进而提升劳动教育课程实施的效果。因此，教师、家长以及学生之间应尽量全面、真实、客观地评价每个学生的劳动态度、劳动习惯和劳动技能。

劳动教育评价应平等且宽松。在教师的引导下，学生之间也可以开展平等、宽松的相互评价，这类评价是课内外劳动教育的重要补充和延伸，可以更加真实地反映学生平时的劳动素质，有助于培养学生的劳动自觉性和团队凝聚力。这要求学生把平时劳动过程中的所见、所闻、所想整理并展现出来，如学生之间分享每次劳动教育活动后的感想，小组合作的劳动小课题进行成果展示、交流评价，个人劳动作品相互评价等，交互式评价方式能够让学生做到互帮、互学、互教，还能查漏补缺，最终实现相互提升。

评价过程要亲切生动。为激发小学生的劳动热情和兴趣，教师和家长要善于用言语或奖励来引导和激励他们，多使用平等、亲切、和蔼的评价语言，口头评价和书面评价应该相互一致，这样才能激发学生的劳动兴趣，让学生倍感亲切，从而更加愿意参加各种劳动实践活动。当然，这需要教师和家长平时付出大量的时间和精力，观察学生的劳动情况，密切关注学生真实的劳动表现。特别是在撰写与学生劳动相关的评语时，语言要力求亲切自然，也要因人而异，平等对待，根据学生不同的劳动表现进行热情鼓励，并提出殷切期望等，善于把学生的平常表现、平凡事、平凡举动等作为评语的切入点，这样更能打动小学生的内心，评语的内容更加彰显个性，也更能让学生在这些亲切的评语中感受到教师不会偏袒学科分数高的同学。

教师要运用多样化的评价方式，而是否进步可以作为一个评价学生课程学习的衡量标准。为了更加准确地评价学生的劳动素养，学校和家长更应该关注学生日常生活中的表现，如学生是否能够独立完成自己的任务，衣食住行是否依赖家长，平时是否愿意承担劳动任务等，这样评判的目的也是促进学生的全面发展。然而在现实生活中，家长很少关心孩子的劳动表现评价，片面地认为只要学习好、特长多就是好孩子。为避免这种情况发生，学校可以收集学生平时的劳动日志、劳动体会和反思来制作劳动素养评价表，可以将时间段分为每个月或者每两周，学期结束根据整个学期所收集的资料再来进行评价。评价等级也可以从简单的优、良、差改为进步之星、勤劳之星等。在此基础上，教师、家长和学生还要加强对劳动教育的重视，将传统单一的理论分数考核改为实践品质考核，避免重知识轻实践、只重短期而忽视学生长远发展的情况发生。劳动教育不仅要重视劳动结果，更要重视劳动过程，让学生看到自己在真实地、一步步地发展完善。对于劳动表现优秀的学生，学校也应建立一套相应的奖励机制，评选"劳动之星"，树立榜样，并利用学校网站、学校微信公众号、校报等媒体加以宣传，使学生在获得荣誉感和自豪感的同时形成劳动最光荣的良好认知。

作业单

写出你的年龄和你已经具备的生活技能，想一想还有哪些技能是自己现阶段可以学习的。

主要参考文献

[1] 徐海娇. 劳动教育的价值危机及其出路探析 [J]. 国家教育行政学院学报，2018
（10）：22–28.

[2]　李富强.当前小学生劳动教育存在的问题及其对策 [J].教书育人（校长参考），2020（7）：42–44.

[3]　马久郁.家校"联手"实施劳动教育的实践探究 [J].辽宁教育，2019（14）：62–64.

[4]　胡赟赟.新时代小学劳动教育的实践路径探究 [J].教育科学论坛，2020（20）：22–24.

[5]　余文森，殷世东.新时代中小学劳动教育的内涵、类型与实施策略 [J].全球教育展望，2020，49（10）：92–101.

[6]　王维审.中小学劳动教育的实践与发展概述 [J].中小学德育，2018（7）：4–9.

[7]　韦瑶，杨树枫."三全育人"理念下高职学生劳动素养的培育：基于交通职业教育学生劳动教育课程的构建与实施 [J].现代职业教育，2019（30）：4–5.

[8]　王晓晨.劳动最光荣：加强新时代大中小学劳动教育 [J].青少年法治教育，2020（4）：23–24.

[9]　徐新颖.家校合作视角下的中小学劳动教育 [J].江苏教育，2020（15）：53–56.

[10]　杨培明.普通高中劳动教育价值实现的路径探索：以南菁高中劳动教育实践基地建设为例 [J].当代教育与文化，2020，12（3）：110–114.

[11]　王芳芳.小学高年级学生劳动价值观培养的研究 [D].上海：上海师范大学，2020.

核心能力3　手脑并用显创意，
实践锻炼要牢记

一、手脑并用显创意

动手的实践操作与学生思维的发展有着密切联系，日常学习活动若将培养学生动手操作能力与思维能力相结合，对于激发学生的学习、探索兴趣以及培养学生学习能力都是非常有益的。教师在劳动教育中引导学生在动脑的同时动手做实验，在动手的同时动脑去思考。在此基础上，我们还要充分发挥学生的主体作用，重点是让学生动手实践，体验、感受创造的乐趣。

（一）手脑并用实现以劳增智

对于小学阶段学生而言，有效的教学活动不能仅仅依赖理论知识的记忆，学生自主参与研究探索并和同伴进行合作交流是学习新知识、巩固旧知识的重要方式。学生在劳动教育中手脑并用能够增加智慧，促进理论知识转化为实际运用能力。在劳动教育课上，教师通过大量创设真实情境，给予学生动手操作的机会，营造良好的氛围，激发学生主动学习的欲望，让学生在寓教于乐的环境中全身心投入学习，在此过程中，手脑并用更能促进学生思维能力发展，实现以劳增智。

在活动设计中，教师应更多地思考如何引导学生手脑并用，如何更好地利用短暂的课堂时间充分发挥学生的创造力和想象力，如何让学生真正体会劳动教育的意义所在。劳动教育蕴含着以人为本的价值取向，突出强调手脑并用，注重学生的体验和收获，深刻反映着时代的特征以及当下劳动形态的变迁，能从实践、创新思维、身心健康等多个角度使学生受益，对于促进学生德智体美劳全面发展具有重要意义。

动手操作是帮助学生掌握知识、发展潜能的重要途径，也是学生求知增智的重要环节，其中手脑并用是求知创新的关键，动手操作与动脑思考相结合将迸发出创造的火花。小学生活泼好动、表现欲强，同时希望自己的行为受到表扬。根据小学生好奇心强、求知若渴、思维活跃、学习兴趣高等特点，教师可以结合现代课程本身独具的内容丰富、趣味性强等特点，积极创设情境，激发学生探索解决生活实际问题的兴趣，使他们由被动的"要我做"转变为主动的"我要做"。因此，从某种意义上来说，教师在劳动课程中积极贯彻落实学生手脑并用的原则会在很大程度上增强学生的思维能力，增长智慧，促使学生更加主动、更加快乐地学习，以此达到教育的根本目的。

此外，为了更好地巩固学生手脑并用以劳增智的成效，课后完成开放性作业也是非常重要的环节。开放性作业不仅形式新颖，而且问题具有发散性，为学生提供了广阔的思维空间。学生可以运用所学的知识与方法，借助自己对问题的理解，得到自己认为满意的答案，这样的过程能较好地激发学生探索新知的意识。与此同时，开放性作业的特点，也让学生更容易完成任务，能够使大部分学生选择适合自己的切入点，思考、反复试误，最后体验成功。当然，在设计课程内容时教师也要注意，课程的内容要具有新颖性和创新性，课堂要以学生为中心，课后要积极巩固劳动教育课程的成果，设计一些内容丰富、形式多样、可操作性强的作业，使学生在课堂上所学到的知识得到延伸与发展，尽可能帮助学生养成热爱劳动的好习惯，切实引导学生进行动手操作，帮助他们认识劳动、体验劳动，培养他们的探究能力和创新能力。

（二）手脑并用提升劳动素养

从某种意义上来说，当下劳动课程一个最显著的特点就是手脑并用、知行合一。如果仅仅让学生按部就班完成教师所布置的内容，这样手脑就没有结合起来，学生只是动手完成任务，在此过程中没有思维的参与将远远达不到预期效果，所以在劳动教育的过程中教师还需要引导学生既动手又动脑，促进他们手和脑的协调发展，更重要的是要帮助学生在此过程中形成正确的劳动观念和品质。劳动教育在一定意义上有助于学生良好道德品德的形成以及心理的健康发展。很多劳动实践活动课程不仅可以锻炼学生的劳动能力，检验他们劳动知识和劳动技能的掌握情况，还可以考验他们的意志品质。例如，浇花、打扫卫生、洗衣服以及整理房间或书桌等日常劳动往往需要学生耐心细致，还需要有条不紊、思路清晰；而户外实践活动，如下乡劳动体验等一些需要大运动量的劳动往往需要学生有肯吃苦、坚韧不拔的精神。这些劳动素养的培养对学龄阶段学生良好品质的形成和塑造是非常有帮助的。例如，部分家长有溺爱的心理，怕学生在做家务的过程中出现受伤等情况，当然父母的担心不无道理，但学生做一些力所能及的家务对于其成长来说也有至关重要的作用，所以家长应当放平心态，让他们在实践锻炼中磨炼自己的意志。此外，在接受劳动教育的过程中，一些学生还会因暂时的失败、小挫折以及小意外而感到挫败、委屈甚至产生放弃的心理，这样他们就会对劳动教育课程产生一定的抵触心理，所以教师对学生进行相应的心理安慰也是十分必要的，如可以利用榜样效应，提高学生的自信心，让他们了解到只要肯付出就一定会有收获，遇到困难时要勇于克服困难而不是选择放弃，也不要因暂时的失败就畏缩不前。不经历风雨，怎么能够见到彩虹呢？在开展劳动教育的过程中，教师要耐心引导，帮助学生重新树立信心，面对问题迎难而上，享受最后成功的喜悦。在此过程中，学生经历了各方面的磨炼，切身体验到劳动的艰辛，就会激发他们尊重劳动、珍惜劳动成果的情感，从而树立正确的劳动观以及价值观，培养吃苦耐劳的精神。

我们还应当注意社会上出现的一些轻视体力劳动的现象，所以说当下对中小学生进行劳动教育是非常有必要的，相应的劳动教育引导可以培养学生良好的品格，此外劳动教育还可以强健学生的体魄，在很大程度上帮助学生提升劳动素养。同时，学校开展劳动教育能够促进学生手脑发展，使得他们不仅锻炼了身体，增强了体质，在学习过程中还掌握了相关的劳动知识和劳动技能，从而能够促进学生德智体美劳的全面发展。因此，劳动教育能够培养学生的劳动意识和坚忍不拔、遇到困难不退缩、肯吃苦的精神。不仅如此，劳动教育还能帮助学生养成热爱劳动的好习惯。因此，从某种意义上来说，我们可以将劳动教育看作使人受益终身的教育，学校和家长应高度重视。受当今社会环境与条件的影响，许多学生抵抗挫折的能力还比较弱，缺乏顽强的意志力，合适的劳动教育在一定程度上能起到增强学生意志力的重要作用。总的来说，劳动教育的开展并不是一蹴而就的，需要我们不停地探索。在此过程中，教师应积极开展相应活动，帮助学生更好地锻炼能力和提升素养。

（三）手脑并用促进创意发展

　　劳动教育应以实践为基础，重视培养学生的动手动脑能力，培养学生的创新能力。在教学过程中，最为重要的应当是教师放手让学生自己动手动脑去探索，通过不断的实践锻炼，逐步形成、发展自身的认知结构。手脑并用的过程就是相互探索的过程。学生创新精神的培养与创造思维的发展，总是与创新活动设计相联系的，因此为学生创造有利于创新的客观环境是极为重要的。首先，教师在劳动教育课堂设计中，应为学生提供锻炼创新性思维的机会。例如，在户外劳动课程中，教师可以带领学生观察植物的特点，让他们想办法更好地进行植物养护、种植花草等活动。总体上来说，教师激发学生的多种想法，有利于发展他们的创新性思维。其次，教师也可以在实践活动中组织成立相关的兴趣小组，借助兴趣小组来大力发展学生的创新能力。从户外进行劳动教育来说，教师应鼓励学生自发地成立课外劳动小组等，对学生开展的功能性分组，给予足够的时间以及空间，帮助他们发散思维，促进创意发展，此外还可以每月举行一次各小组成果展评，评选出优秀小组进行总结分析，以便于学生发现自身的优缺点。这样课内与课外互动相结合，能使学生将课堂中所学的知识在课外得到延伸和发展，从而更有利于学生对于劳动教育的理解和贯彻。从课内到课外，为学生营造一个良好的创新环境，就会在一定程度上激发学生的创新兴趣，使学生的创新意识在丰富多彩的创新活动中得到提高。

　　除了上述方法，在劳动教育课程目标确定之后，教学活动是实现教学目标的关键。我们要相信学生的潜能，同时要创造条件，使学生得到全方面充分发展。我们还要引导学生对学习内容进行探索研究，着力培养学生的创新意识。应当注意的是，在当今社会提倡素质教育的背景下，我们应在有限的课堂时间内为学生营造创新的氛围，创设多样化的问题情境，给学生提供创新的时间。除此之外，我们一定不要忘记对学生的创新进行评价，使学生有更多的动力去拓展创意。我们要抓住小学阶段的学生喜欢获得肯定和赞扬的心理特点。例如，在教学过程中，教师可以多多设计一些评价建议的环节，通过师生互动共同评价学生在创新过程中出现的优缺点，使学生全面系统地巩固所学知识，吸取经验教训，为下次进行创新做好铺垫，从而推进教学的延伸。除此之外，在评价的过程中，教师要给予学生适度的自信，让学生享受到成功的喜悦，这样更有利于激发学生积极创新、勇于探索的欲望。

在开展劳动教育时，教师应当以学生为主体，构建面向全体学生的课堂，也要善于发现学生的个性以及特长、优势，关心、关爱每一位同学，使他们都能积极主动地自发学习。在基础教育阶段，对于学生创新精神和实践能力的培养，不在于学生是否创造了什么，关键是让他们学会怎样创造。教师通过劳动课的教学，引导学生养成探究式的学习习惯，帮助他们树立创新意识，发展他们的创造力，从而为创新人才的培养打下基础。教师在小学劳动课中必须尽量创造条件，发展学生的自主学习能力和自主实践能力。同时要注意的是，教师应从激发学生劳动实践兴趣入手，促进学生的个性化发展，优化劳动课程模式，培养学生的创新能力。总之，创新是一种独特的精神状态，是一种综合素质，教师应在劳动教学中实施创新教育，以帮助学生不断提高创新能力。同时，教师必须立足当下，放眼未来，进一步认识劳动教育在基础教育中的重要地位，努力探索劳动教育的新途径和新方法。在课堂教学中，教师要做到充分发挥学生的主体作用，鼓励学生积极探索，欢迎他们发表各自不同的观点看法，着重培养学生的动手能力和创新意识，以达到学生积极主动学习的目标。与此同时，我们还应注重对学生参与意识和创造力的培养，为他们的成长营造良好的氛围，达到不断培养创新精神的目的。

劳动教育从本质上来看是一种教育实践，其中教育性是其首要属性。劳动教育在青少年成长过程中具有重要意义。通过劳动教育课程，学生学习到了新的知识，并且劳动体验促进了心智的成熟，提升了自身对于知识各层次、各角度的了解，帮助其养成了良好的学习习惯以及方式，促进了其他课程的学习。总体上，劳动教育能够提高青少年创造性劳动能力。《意见》明确提出："强化诚实合法劳动意识，培养科学精神，提高创造性劳动能力。"在当下经济快速发展的同时，科技也在快速发展，我们要多注意学生劳动技能的培养以及劳动素养的提升。从当今新时代劳动教育的变化趋势来看，我们要优化各种产业结构，创建培养创新人才、创新思维的新模式。目前，部分地区仍存在劳动教育落实不当以及知识硬性灌输、缺乏创新性等问题，因此劳动教育要创新教育内容，改革教育方式，结合学生手脑并用的能力，不断激发学生学习和劳动的积极性、主动性和创造性，促进学生创新能力的发展。

二、实践锻炼要牢记

实践锻炼对于学生身心健康发展具有重要影响，学校鼓励学生多参加社会实践类活动，可以帮助他们加深对社会的认知，同时能磨炼学生品质，培养学生毅力，在此过程中还可以检验并丰富学生对所学知识的认识，不断积累经验，提高素养。总体上来说，小学生需要实践锻炼来巩固所学知识，在实践中培养良好的习惯，形成正确的世界观、人生观、价值观，树立高尚的品德。

（一）在实践锻炼中培育良好品质

如今不少学校利用寒暑假以及普通假期积极开展社会实践活动，鼓励学生积极投入劳动之中。首先，劳动能促进孩子的健康成长。劳动教育是积极发展"五育"并举的重要环节，是促进学生德智体美劳全面发展的关键课程。劳动是创造物质财富和精神财富的过程，劳动教育课程强调的是知行合一，通过动手实践、接受锻炼、磨炼意志，能够培养学生正确的劳动价值观。劳动教育也是对知识的躬身修行，是提高学生创新能力的一种手段。在此过程中，学生积极投身于实践锻炼，通过肢体运动更好地帮助大脑活动，增强洞察力和感知力，促进肢体和大脑的协调发展；同时，不断的实践锻炼能深化巩固学习成效，能提高学生在日常生活中的生存技能，培养相应的人际关系处理能力，为以后正确价值观的形成打下坚实基础。如果劳动教育一再缺位，孩子就只能在"纸面上"完成所谓的成长，教育多元化和可塑性将受到严重的挑战，因此学生在实践锻炼中成长就变得尤为重要，在实践中学生会认识到幸福生活是基于辛勤劳动之上的，只有通过自己的劳动才能创造财富和价值。

知行合一，实践出真知，实践其实也是一种最好的学习方式。在实践中，学生有自己的明确目标，能将自己学习的知识转化为亲身体验，最终的实践感悟将变为自己思想的一部分。学生也能在劳动的过程中培育良好的道德品质。社会实践活动有利于扩大学生对于思想政治教育的理解，课堂教育与实践教育相结合可以极大地激发学生的兴趣。社会实践活动的目的，就是让学生从不同的角度、不同的层次接受教育，各方面都得到提高。同时，社会实践活动是对学生进行的基本社会知识的教育。社会实践活动有利于学生自身的成长，也是他们成才的自身需要。劳动教育以社会为课堂，把实践作为教材，让学生全身心投入社会实践接受教育、积极锻炼，在此过程中不断提高他们的认识水平和解决实际问题的能力。除此之外，社会实践活动还可以帮助学生加深对现实社会中诸多问题的认识，更有助于学生了解基本国情，并结合自身的实际情况，树立正确的学习观念，养成自觉学习的良好习惯。

目前，各个学校正在积极开展综合实践活动。随着活动的开展，学生也逐步养成懂合作、会分享、有上进心、开朗活泼等良好的个性品格以及社会交往能力；在实践过程中，学生积极思考，更有利于思维的发散，也能培养学生收集和处理信息的能力以及应对突发事件的能力；劳动教育全程以学生为主体，把课堂的主导权更多地交给学生，有利于培养学生发现并解决问题的能力；同时学生亲自参与其中，切身体验实践的过程，能够获得经验，激发他们的创新潜能；劳动实践活动将学生与同学、社会、自然界等多方面联系起来，有利于培养学生对社会、自然的责任感，也有利于学生改变学习方式以及培养良好的学习习惯。综合实践活动课程作为一种独立的课程形态，强调超越教材、课堂和学校的局限，向多个领域延伸发展，能够促进学生的全面提升。综合实践活动与劳动教育相联系、相结合，贯彻了劳动价值理念，学生要积极投身劳动实践，在实践中锻炼自己。

随着"双减"政策的逐步落实，我们可以看到社会不再仅以之前的"唯分数论"来评价学生，所以在兼顾学生学业的同时，我们更要鼓励各个学校开展相关劳动教育课程和综合实践活动，让学生在活动中享受学习，在实践锻炼中获得新知，培育良好品德，促进个性发展；课程内容设计要敢于创新，冲破以前内容的条条框框，使教学过程转变为教材内容持续生成与转化的过程，让学生在实践锻炼中充分展开联想，尽情发挥其丰富的想象力。劳动教育着重强调的是学生的亲身经历，鼓励学生积极参与各项活动，进行实践锻炼。在学习劳动课程的过程中，学生通过切身的实践锻炼，体验和感受生活的魅力，能够提高自己的实践能力，培养创新精神和良好的道德品质。综合实践活动能够让学生主动探索和自由选择，充分发挥自身的创造能力，为学生的个性发展创造一定的空间。学生在积极参与社会实践的过程中，可以充分体验生活的乐趣，学以致用，通过实践锻炼加深对自我、社会和自然之间内在联系的理解。

（二）在实践锻炼中树德

当下各个学校广开思路、主动作为，充分利用有限空间创造劳动教育条件，在完成规定的教育教学任务的基础上，持续深入探索更好的落实劳动教育的方法以及途径，呈现出不同的劳动教育特点，取得了相应的成效。但现在中小学的劳动教育也正面临着一定的挑战，根据落实部署的情况，针对目前仍普遍存在的问题，各个学校在思想认识、落实举措、实践行动上要继续充分地探索，积极投入实践中去。要想通过劳动教育让学生在实践中锻炼、发展，树立高尚品德，首先，各学校应在设定的劳动教育框架的基础上完善相关的机制，按照当下教育管理的总体要求，参考学校所在地的"十四五"规划，进行充分讨论后确定相应的总体目标、各阶段达成的效果以及如何实施。除此之外，各学校也要切实做到有计划地开展劳动教育课程，科学地呈现课程内容，合理规划教学过程，高效反馈教育成果。其次，各学校应将劳动教育与日常教学相结合，充分、合理地运用课堂时间，让学生在参与教学的过程中充分锻炼、提升自己。最后，各学校应在劳动教育的改革创新中充分拓展、落实劳动教育渠道，结合实际情况，努力解决遇到的现实问题。需要注意的是，我们不能仅仅满足于当下的成果，而要立足现实情况考虑未来的发展，在此过程中深入研究，创新发展，在实践探索中总结经验。

劳动实践与学校德育相融合，抓实以劳树德。学校通过劳动实践教育引导学生崇尚劳动、尊重劳动、热爱劳动，培养他们吃苦耐劳的精神和勇于奋斗、敢于创新的精神，帮助学生形成正确的世界观、人生观、价值观，形成更好地实现劳动实践和德育协同发展的局面，同时可以根据各学龄段学生在心理、认知水平上的差异以及学习习惯和成长规律的差异设计不同的德育劳动实践活动，还可以从家庭、学校、社会三个层面着手设计相关实践活动，根据学生各自情况设计合理的活动情境，以此培养学生优良的品德。

现在的新课标强调要充分利用现实情景进行教学，鼓励学生从现实中学习相关知识；强调学生主动参与劳动教育，让他们在日常生活中积累相关经验、理解理论知识、深化自身认知。只要学生能通过自己的实践实现理解知识并且合理地运用知识的目的，未完成的任务可以在课下完成。结合学生之间的差异以及安排的作业的难易程度，教师应在教学上保持灵活性，对于学生的考查形式也不一定要局限于笔试的形式，可以采用有创意的考查方式进行多元化评价。此外，我们必须认识到学生是知识建构的主体，劳动教育课程必须逐步从教学本位向学习本位转化，融贯知情意行，落实立德树人。劳动有助于培养学生良好的思想和道德品质，实践证明，人们许多优秀的品质都是在劳动中形成的，只有在劳动实践中才能培养出孩子爱人民、珍惜劳动成果的美德，才能养成勤俭、艰苦朴素的好作风。

（三）在实践锻炼中强体

劳动教育除了可以让学生受到精神层面的熏陶外还可以锻炼身体、磨炼意志，学生在劳动过程中会逐步养成勇于面对困难、挑战，不畏艰辛，坚持不懈的精神，所以说劳动教育有助于学生在精神层面和生理层面上的双重发展。通过劳动，学生养成一个个良好的习惯，可以坚定自身理想信念；同时劳动也是一种责任、一种义务，它不仅可以使学生得到锻炼，也可以让他们的成长有更多收获，充满意义。除此之外，在营养良好的情况下，劳动能促进肌肉的发育，能保持学生身体的健康，许多劳动是体力与多种多样的技能技巧的结合，同运动一样重要。学龄期学生正处在发育时期，组织他们参加一定的劳动，会使身体的各部分都得到锻炼，增强肌体各器官的功能，使肌肉、筋骨得到锻炼，从而提高学生对疾病的抵抗力，达到强身健体的目的。在德智体美劳全面发展的要求下，许多家长会关注学生的德育发展、学习成绩、体育锻炼、艺术特长等，却往往忽略"劳"这个在家庭日常生活中最容易实现的教育项目。劳动在学生成长发展中占据着重要地位，它不仅能锻炼身体，还能提高思维能力和培养坚强的毅力。劳动过程是锻炼身体的过程，也是锻炼思维、培养意志品质的过程。劳动是大脑和其他生理系统相互结合、相互协调的过程，劳动者在劳动的过程中不仅需要付出体力和汗水，还需要用脑分析、思考、记忆，因此劳动也有助于提高思维能力。

劳动教育作为促进学生全面发展的学校教育的重要组成部分，对学生的健康成长和社会的进步都具有重要意义。在新时代背景下，劳动教育的内涵融入了新观念和新思想，有了一定的扩展和升华。在内容上，劳动教育体现出一种发展的教育观，重视闲暇教育和消费教育；在功能上，劳动教育强调劳动赋予个人生存的价值和意义，注重个体自身的发展，加强个体与个体之间、个体与外界环境之间的关系，促进个体人格发展，帮助学生形成正确的劳动价值观和劳动态度，构建一种完整度高、开放性强的劳动教育实践体系。作为"教劳结合"思想的一种实施方式，劳动教育有着较强的理论优势。因为长时间的发展和历史进程，劳动教育在中国有着坚实的根基和旺盛的生命力。培养德智体美劳全面发展的社会主义事业建设者和接班人，一直是我国长期坚持的教育方针，当前我国高度重视中小学劳动教育工作。马克思说："未来教育对所有已满一定年龄的儿童来说，就是生产劳动同智育和体育相结合，它不仅是提高社会生产的一种方法，而且是造就全面发展的人的唯一方法。"要想在日常教育教学过程中充分发挥劳动教育的育人作用，就应将学生自身、家庭以及学校都融入进来并且高度重视融合的过程以及效果。首先，学校教师应当在劳动教育课程设计中加入新环节，创造新的关注点，以吸引学生注意力。其次，劳动教育要发挥家校合作的力量。家长和学校教师之间要密切配合，积极创设"1+1>2"的局面，共同为学生提供良好的劳动环境、劳动时间和劳动思想。除此之外，劳动教育也具有一些鲜明的特征，学生要充分发挥自身的主观能动性，慢慢用心灵感受劳动，用实践行动体验劳动。最后，劳动教育不是独立存在的，而是与其他各育紧密结合的。它可以通过不断的优化和改革试验，借助其科学的系统设定以及具体的实践活动来强化学生的劳动体会，从而获得相对生动、直接的实践经验。劳动教育能为学生形成正确的劳动价值观、养成好的劳动习惯和提高劳动技能打下坚实的基础。与此同时，劳动教育也能培养学生手脑并用的能力，促进学生创新思维的形成以及德智体美劳的全面发展。

　　总而言之，我们要积极开展劳动教育，通过劳动教育促进学生全面、健康的发展，在此过程中，借助手脑并用的发展形式，实现以劳增智，提升学生劳动素养，促进学生创新能力的发展。无论在劳动课程之中还是之后，学生都应不断进行实践锻炼，要在实践中培育良好品质，在实践中树德，在实践中强体。除此之外，劳动教育也能培养学生吃苦耐劳、勤奋学习、勇于创造的精神。最后，全社会应当联合起来，共同营造热爱劳动的氛围，通过家校合作共助学生全面发展。

作业单

根据自身实际情况制定每日劳动计划。

主要参考文献

[1] 张华.论"综合实践活动"课程的本质[J].全球教育展望，2001，30（8）：10-18.

[2] 李斌."五学"共融 以劳树德：道德与法治课堂渗透劳动教育的实践探索[J].福建基础教育研究，2021（12）：109-110.

[3] 班建武."新"劳动教育的内涵特征与实践路径[J].教育研究，2019，40（1）：21-26.

[4] 王连照.论劳动教育的特征与实施[J].中国教育学刊，2016（7）：89-94.

[5] 肖绍明，扈中平.新时代劳动教育何以必要和可能[J].教育研究，2019，40（8）：42-50.

[6] 白雪苹.对当代中小学劳动教育缺失的"冷"思考[J].教学与管理（中学版），2014（5）：82-84.

[7] 何云峰，宗爱东.中小学劳动教育的现状、问题及对策[J].青年学报，2019（1）：6-11.

核心能力 4　家庭劳动勤承担，
物品收纳归整齐

一、劳动，不止在学校

（一）小学劳动项目存在的问题

1. 部分学校尚未开发系统的小学劳动项目

在开发小学劳动项目方面，虽然不少小学响应国家号召积极行动，如一些学校利用富余土地打造农场，将部分教室改为专门教室等，较小的学校则利用花坛、阳台、教学楼屋顶等开辟农场，或举行劳动技能大赛、"厨王争霸赛"等活动，但并未开发小学劳动项目课程体系。劳动教育基地的建设和相关活动的举行确实能在一定程度上让学生掌握一定的劳动技能，体会到劳动的艰辛与喜悦，但如果仅将劳动教育囿于劳动教育基地和间断性、碎片化的活动，那么劳动教育就只能在有限范围内有意义。同时，就小学的实际情况而言，一些学校能够分配给劳动教育的时间、空间均较少。劳动教育的核心在于培养正确的劳动价值观，学生正确的劳动价值观的形成绝非易事，仅靠在劳动教育基地短暂的劳动体验和碎片化的劳动活动可能难以实现。

2. 已构建的项目体系有待进一步优化

部分学校已构建了小学劳动项目课程，但其课程体系有待进一步优化。具体表现在如下方面。

（1）在课程意识方面，受应试教育和不良传统观念等的影响，学校、家庭、教师、学生等对劳动教育的重视程度不够和理解不足。有些学校的劳动课程以"副课"形式呈现，甚至出现了让位于"主课"的现象。

（2）课程开发缺乏顶层设计和统筹谋划。许多学校未将劳动教育课程纳入学校常规工作并进行统筹安排，缺乏对劳动教育课程实施情况的监管和考评。

（3）就教学实施而言，一方面，"课本化、游戏化、表面化"现象突出，另一方面，学校、家庭和社会不能较好地整合各自所具有的劳动教育资源。

随着科学技术日新月异的发展，未来社会对人的素质提出了更高的要求。教育必须从培养"模仿型""继承型"人才转变为培养"创造型"人才，这样才能适应新的形势发展需要，才能满足祖国未来建设的需求。加强劳动教育，可以培养学生正确的劳动观念、劳动态度，提升学生劳动技能，使他们适应家庭、社会生活的环境，发展良好的个性品质，促进他们的全面发展。

（二）小学劳动项目的理想状态：三方联动

要想办好劳动教育，充分发挥其课程的综合育人价值，仅靠学校单方力量是难以实现的，因此实现家庭、学校与社会的互动才有可能挖掘劳动教育课程的价值。

家庭教育与学校教育相结合，可以使教育更加精细，两者不可分开。教师和家长都应该好好地利用自己的优势，在儿童可塑性较强的时期发挥自己的作用，使儿童树立正确的劳动观念。家校合作的主要措施有以下四个方面：首先，家校对学生劳动意识培养的步调要一致。学校组织的相关活动可以邀请家长参加。例如，在父亲节或母亲节的时候，学校组织对父母表达爱的活动，学生可以通过自己的劳动来表达自己对父母的爱，父母可以对孩子进行指导，但是绝对不能代劳。其次，对于学校布置的劳动任务，家长一定要引导学生更好地完成，做到与学校培养的劳动意识、观念一致。再次，学校在对学生进行劳动教育的时候，还需要对家长进行一定的培训和指导，让家长清楚学生在家中的劳动意识培养内容，转变家长的观念，引导家长配合学校对学生进行劳动教育。最后，家长和学校之间定期进行反馈，通过家长会、家庭访问等途径对学生的劳动意识培养情况进行交流，学校了解家长的做法，家长清楚学校的培养目标，家长之间也可以互相交流经验，从而更好地促进学生劳动意识的培养。

2018年，习近平同志在全国教育大会上指出："办好教育事业，家庭、学校、政府、社会都有责任。"不论是《意见》还是《大中小学劳动教育指导纲要（试行）》（以下简称《纲要（试行）》）都强调构建家庭、学校和社会三方联动的劳动教育课程共同体。然而，家庭、学校、社会分离仍是劳动教育课程实施过程中的常态，将带来"劳动教育目标的纷杂和错乱、劳动教育过程的断裂和自为、劳动教育结果的混沌和冲突等异化样态"。学校、家庭和社会应建立紧密合作的关系，充分调动和整合三方资源，形成合力。对于学校而言，以下两点需要特别注意。

第一，学校应该开发并实施劳动项目课程体系。首先，课程是学校落实劳动教育的关键举措，学校要积极贯彻劳动教育政策，厘清相关概念与内涵，并在此基础上开发独具特色的劳动教育校本课程体系。其次，学校要拓宽劳动教育的场域，在各个学科中渗透劳动教育，在校园文化或环境中营造热爱劳动的氛围，通过课程渗透和环境营造多管齐下的方式助力劳动教育校本课程的高效实施。

第二，学校要承担起沟通家长与社会的桥梁作用。劳动课程的目的在于帮助孩子形成正确的劳动价值观，校园内的劳动教育课程确实能够起到一定的作用，但是价值观的培养和形成需要更大的场域、更长的时间，因而需要家长配合、社会支持。首先，学校要改变传统的办学理念，积极走出校园，与家庭和社会建立紧密的合作关系，充分调动和整合三者的资源，形成学校、家庭和社会三方合力。其次，学校应扭转家长"智育独大"的错误观念，不失时机地为劳动教育校本课程正名，扭转其被边缘化、被误解的局面，呼吁家长与孩子共同劳动。同时，学校也要向家长传授科学引导孩子进行家庭劳动、服务性劳动等的方法，还可以适时邀请家长到学校向孩子们分享自己劳动的故事。最后，社会是学生生活的主要场域，对学生劳动情感、能力等的培养也有着直接或间接的影响，因此学校要拓展劳动教育校本课程的实践场域，引导学生走出校园，走进社会。学校可以挖掘校园一千米范围内的劳动教育课程资源，建设劳动教育基地，实现校园与社会相互协作，为学生劳动素养、劳动情感、劳动能力等的发展提供更广阔的空间。

劳动教育课程要实现高品质发展，学校、家庭和社会三方联动是必然趋势。

（三）充分挖掘家庭劳动项目资源

1. 深挖家庭劳动项目资源

《意见》明确指出："除劳动教育必修课程外，其他课程结合学科、专业特点，有机融入劳动教育内容。"这意味着各学科中均蕴含着丰富的劳动教育校本课程资源。

家庭中有着丰富、优质的小学劳动项目资源，包括从清洁卫生、买菜做饭，到家长的劳动态度、劳动习惯、职业生涯、教育理念等。家庭劳动教育课程资源为学校课程提供强有力的支持，不仅有利于涵养学生的劳动价值观，还能使子女切身体会父母的辛苦，拉近父母与子女间的心灵距离，促进家庭和谐。调查发现，7.23%的家长认为学校并没有开设劳动教育校本课程，近三成的家长不了解学校是否开设劳动教育校本课程，从中能窥见学校对家庭中劳动教育课程资源挖掘的不足，未帮助家长看到自身在劳动教育校本课程实施中的重要作用。

首先，未充分挖掘家庭中的人力劳动教育资源，即未使家长承担相应的劳动教育任务。受错误劳动价值观等不良思想浸染的家长，可能会忽视劳动教育校本课程中蕴含着的促进个体发展的优质养料，不仅无法配合学校实施劳动教育校本课程，还可能为避免孩子受累、辛苦，对于本该由孩子自己完成的劳动任务越俎代庖。其次，未充分唤醒家长作为孩子劳动表率的自觉性，即未使家长以身作则，与孩子共同劳动。部分家长认识到了劳动教育课程的重要性，但自身并未成为孩子劳动的好榜样。其实家长们也希望自己的孩子热爱劳动，但有些年轻的家长自己都懒得动，不能以身作则，家长言行不一的说教会对孩子接受劳动教育造成负面影响。

2. 深挖社区劳动项目资源

学校可以以班级为单位挖掘社区中的课程资源，汇编成社区劳动打卡清单，向学生发布任务，鼓励学生利用假期寻访、打卡，如支持学生前往社区阅览室担任小馆长，到社区宣传垃圾分类知识，教社区老人使用手机等。

（四）深层解读政策

学校在规划小学劳动项目的时候，应当关注儿童需求，考虑儿童的需要、兴趣和经验，这在一定程度上能够降低学生参与课程的畏难情绪，保证课程本身对学生有一定的吸引力。学校不仅要考虑学生需求，而且应将当前社会需求、学科发展需求纳入思考的范围内。

一方面，学校在规划小学劳动项目时要考虑社会生活需求。第一，当下创造性劳动增多，教师应引导学生调动多重感官，鼓励学生全身心参与、积极思考，大胆分享主张，在切身的体验中淬炼创造的火花。第二，随着服务性劳动的增多，教师应帮助学生培养体会他人情绪、尊重他人想法的能力，提升合作与分享的意识和能力。

另一方面，学校要加强对《纲要（试行）》等的深入解读。劳动教育要以"三会"作为显性目标，不仅要提升学生的劳动能力，培养学生的劳动习惯，也要积极培养学生的创新能力。

二、积极转变认知

父母是孩子成长途中的向导，家庭是落实劳动教育校本课程的第一场所，因此家长应改变一些错误的认知。一方面，家长应转变"唯分数论"的错误观念，仅靠分数个体难以赢得未来的考验，应以孩子全面且个性的发展为导向，并将劳动教育校本课程作为个体成长的重要养料。另一方面，家长应以实际行动向孩子传递尊重劳动、热爱劳动的理念。身教重于言传，家长应率先养成良好的劳动习惯，在家中积极劳动，成为孩子的好榜样，而非"坐而论道"。与孩子共同劳动，在劳动的过程中提高孩子的自理、劳动能力，更重要的是相互理解、拉近彼此情感。

家长要注重思想引导，帮助孩子树立正确的"劳动观"。劳动不能被简单地认为是干家务活等自我服务性劳动，家长要引导孩子，扩展他们的认知——为他人服务等社会性劳动也是劳动，帮助孩子认识劳动中的互帮互助是中华民族的传统美德。

劳动教育是促进孩子全面发展的重要基础。家长主动引导孩子参与劳动，对增强孩子体质，提升孩子生活技能，培养孩子吃苦耐劳精神、创造性思维等方面都有非常大的帮助。

首先，家长要发挥榜样作用，在平时劳作中不抱怨，不说累，让孩子模仿着做家务，孩子从一开始的好奇到跟着家长做家务，最后养成做家务的习惯，并体会劳动的快乐。其次，家长不能有轻视劳动的想法，应以身作则，树立正确的价值观，在教育孩子的过程中发挥自己的作用，向孩子传达劳动光荣的思想。最后，家长应勤俭节约，不奢靡浪费，向孩子传达正确的价值观，培养孩子的劳动意识，在实践中探索教育孩子的方法，并及时地改正自己的错误，给孩子做好表率。

此外，家长积极的态度对培养孩子的劳动意识非常重要。给予孩子充分的尊重，在劳动中引导孩子自己制定劳动方案，对过程、方法进行正面引导，让孩子觉得"我可以做好"，增强耐心，对孩子劳动的过程不宜要求过高，要保护孩子的自尊心。同时，因学习具有迁移性，孩子会逐渐树立自信心，并将劳动过程中习得的快乐经验，迁移到知识学习中，学习和劳动，互为支撑，互相促进。

三、主动承担家庭劳动

（一）习劳知感恩

一个人只有真正地劳动，参与劳动成果形成的实践过程，才能领悟"一粥一饭，当思来处不易；半丝半缕，恒念物力惟艰"。在家庭教育和社会教育中，孩子主动承担家庭劳动，参与社会志愿活动，逐渐养成独立人格，获得生存能力，形成勤奋自强、明德感恩、无私奉献、服务他人的品质。认识是行动的动力，只有认识到位，孩子才能自觉主动地行动。古有"童孙未解供耕织，也傍桑阴学种瓜"诗句，今有"任何一项劳动都是崇高的，崇高的事业只有劳动"名言，孩子在积极承担家庭劳动的过程中，"世界上一切的事物，都是劳动创造出来的，劳动可以说是万物之源"的种子悄然种下。简单的书本和视频讲解无法让孩子获得全面的知识，只有亲身实践劳动，孩子才能认识事物，加深对未知事物的了解。要让孩子在各类劳动中增强动手能力和责任感，锻炼耐心和细心，学会独立，懂得感恩。

（二）主动承担劳动任务

陶行知反对传统教育"死读书""读死书"的状态，认为实践出真知。苏霍姆林斯基指出自我服务是最简单的一种日常劳动，劳动教育一般都从自我服务开始。实践活动可以提升小学生的自我服务意识，实践活动让小学生从小就养成了良好的习惯，使其通过实践服务自己。

劳动既可以锻炼孩子的动手能力，又可以提高他们的独立意识，对孩子责任感的培养也会起到重要作用。但是很少有家长付诸行动，原因无外乎以下几点：嫌弃孩子越帮越乱，担心孩子遇到危险，心疼孩子吃苦受累，或者认为孩子学习至上，劳动是大人的事儿。其实只要有适宜、充分的引导，孩子完全有可能爱上劳动。

首先，让孩子从做好事开始。孩子的年龄不同，动作技巧、认知程度、体力和耐心也不相同，家长应根据孩子现阶段所具备的能力安排劳动项目，以免孩子因挫折而产生畏惧感和抗拒感。比如，先让较小的孩子摆餐具、收纳物品。等孩子大一点儿，再让他学习整理自己的房间，最后过渡到难度高一点儿的家务劳动。

其次，要制定计划表。家长可以和孩子一起讨论他能做什么、想做什么，让孩子拥有更多的主动权。和孩子共同制定一份劳动计划表，按照计划表执行每日的家务劳动，并给予适当鼓励。给孩子布置劳动任务时要遵循适量的原则，让孩子一不紧张、二不疲劳、三不厌烦，如果任务太重，孩子可能难以坚持。

再次，尽量让家务劳动"游戏化"。游戏是孩子的学习方式之一，家长可以把做家务打造成像打游戏一样的"闯关升级"模式，为不同的家务劳动设置不同的难度。比如，只要连续一周完成在饭前摆放碗筷的小任务，周末就能和妈妈一起包饺子；掌握按不同颜色、材质将衣服分类的技能后，才能学习使用洗衣机这项新技能。这样，孩子便不会觉得做家务是一件枯燥的事，而会为了下一个有趣的目标而坚持，把家务当作游戏。

最后，家长要以鼓励为主，逐步引导孩子。孩子开始尝试做家务时，由于动作、技能还不熟练，犯错误、不会做或做得慢、做不好都是很正常的。如果家长不耐烦地指责孩子是在"帮倒忙"，或者直接代替孩子去做，就很容易挫伤孩子劳动的积极性。长此以往，孩子可能会对家务劳动产生抵触情绪。为此，家长要允许孩子尝试，鼓励孩子探索，尊重他们的劳动成果。每当孩子做好一件事，要及时给予肯定和鼓励，让他们体会到劳动带来的光荣和快乐，激发他们的劳动热情。另外，当孩子无法胜任某项家务活动或者偶尔表现出抵触情绪时，家长千万不要责怪孩子，更不能采取强制手段，而应该反过来思考一下当下的家务活动是否超出了孩子的能力范围，或许可以暂时放弃，换个时间再让孩子做。

（三）积极拓展，深挖资源

学校可充分利用家长资源，说服家长将自己所在的单位、自身拥有的与劳动相关的场地作为劳动教育实践基地。比如，家长喜欢在顶楼或阳台上种植蔬菜瓜果，则可将顶楼或阳台作为孩子体验简单生产劳动的实践基地之一。又如，家长可以联系自己所在的单位，让其成为孩子职业体验的实践基地之一。这样可以充分拓展课程实施场域。

此外，学校可以分门别类地拟定家庭劳动清单，包括学段、主题、内容、考核标准等。通过家委会向家长宣传，并定期组织家长分享经验、提出困惑等。还可以班级为单位对家长的特长、职业等展开调查，遴选合适的家长进入学校对各班学生进行劳动教育，或请家长带领学生前往其工作地展开劳动实践。也可以邀请精通种植的家长与学生一齐栽种，擅长烹饪的家长与学生共同蒸煮，鼓励学生"跟父母上一天班"等。

四、小学生承担家庭劳动的重要性

（一）促进家庭和谐

在《陪孩子走过高中三年》一书中，作者提到她会和孩子一起做饭，在这个过程中两人聊聊天、谈谈心，不知不觉两人的距离就拉近了。在孩子积极主动承担家庭劳动这一过程中，分工协作以及家长的表扬，可很好地促进家长和孩子之间的亲子关系，使家庭更和谐。

（二）促进学生全面发展

"我们教孩子做菜，不是为了那盘菜，传授具体的生活技能只是一个方面，更重要的是培养一种生活态度，以及培养孩子的劳动观念、劳动习惯、劳动品质和劳动精神。"一位教师表示，劳动是一切幸福的源泉，是孩子成长的必要途径，独立设置劳动课，只是劳动教育的重新回归。事实上，如今的父母不仅要关心孩子的学习成绩，也要重视对孩子劳动能力的培养。劳动教育可在孩子的心中播下崇尚劳动的种子，让孩子获得持续创造美好生活的能力，为他们未来走向社会打好基础。

没有经历过劳动磨炼的孩子，往往无法懂得劳动果实来之不易。许多不良的道德、心理品质，大多可以直接或间接地从缺少劳动教育中找到根源。因此，加强劳动教育不仅仅是一个家庭的事，更关乎社会这个大集体的和谐发展。家务劳动可以培养个人的独立性，能够消除个人对家庭的依赖性，增强个人的家庭责任感。

家务劳动可以培养孩子吃苦耐劳的精神、坚强的意志和坚忍不拔的毅力，促进孩子身心健康发展。家务劳动能促进良好个性品质的形成，使孩子学会关心、体谅别人，建立融洽的社会关系，善于与他人合作。家务劳动可以增强孩子办事的条理性，锻炼孩子的逻辑思维，培养孩子做事认真的习惯。

劳动价值观必须在"身体力行"的劳动中才能逐渐形成。劳动具有社会教育的属性，要以真实任务作为劳动教育的主要途径，融入孩子的亲身经历、思考与实践，为孩子提供切身理解社会关系、道德规范的机会。这一过程是孩子参与劳动的探索经历，是感受劳动的成长经历，是热爱劳动的珍贵经历，可促进劳动价值观的养成。

作业单

列出在家庭和社区中你主动承担了哪些劳动。

主要参考文献

[1]　杜威 . 学校与社会·明日之学校 [M]. 赵祥麟，任钟印，吴志宏，译 . 北京：人民教育出版社，2004.

[2]　程豪，李家成 . 家校社协同推进劳动教育：交叠影响域的立场 [J]. 中国电化教育，

2021（10）：33-42.

[3]　陈双红.小学劳动教育校本课程优化策略研究：以成都市 A 小学为例 [D]. 成都：四川师范大学，2022.

[4]　李育球.劳动教育家庭资源及其开发与利用 [J]. 北京教育学院学报（社会科学版），2021，35（5）：43-48.

[5]　华中师范学院教育科学研究所.陶行知全集：第 2 卷 [M]. 长沙：湖南教育出版社，1985.

[6]　苏霍姆林斯基.给教师的建议 [M]. 杜殿坤，译.北京：教育科学出版社，1984.

[7]　宋卫平.论家庭劳动教育与青少年的全面发展 [J]. 牡丹江教育学院学报，2022（10）：46-48.

核心能力 5　同伴交往共合作，
思维发散扬个性

　　学生处于学校这一社会环境中，需要与社会上的成员交往、沟通，因此除了让学生认识劳动的重要性、积极参与劳动外，劳动教育还应重视学生社会交往能力与发散性思维的培养。2018 年 9 月 10 日习近平同志在全国教育大会上发表重要讲话，指出："要在学生中弘扬劳动精神，教育引导学生崇尚劳动、尊重劳动，懂得劳动最光荣、劳动最崇高、劳动最伟大、劳动最美丽的道理，长大后能够辛勤劳动、诚实劳动、创造性劳动。"弘扬劳动教育，培育青少年的劳动情怀和劳动素养，汇聚劳动托起中国梦的强大正能量。劳动教育不仅仅要让学生参与各种劳动，更要让学生深度发展，使学生在劳动实践中理解劳动的本质，感受劳动的魅力，获得深刻的体验，只有这样才能取得更好的教育成效。当前时代对劳动教育提出了更高的要求，中小学的劳动教育必须承载更高层次的培养任务，不仅要培养学生的劳动观念、劳动态度，还应在拔高学生的交往能力、合作能力，提升学生的发散性思维能力上下足功夫，这是时代发展及教育属性的内在诉求。

一、交往能力

　　伴随着社会的发展和时代的革新，我国对人才的要求越来越高，具备优良的人际交往能力成为检验人才的重要标准之一。为了培养出更多优秀人才，劳动教育应加强对小学生人际交往能力的培养。

（一）人际交往能力培养的重要性

　　《意见》中指出："劳动教育是国民教育体系的重要内容，是学生成长的必要途径，具有树德、增智、强体、育美的综合育人价值。"劳动教育的顺利开展离不开学生具有良好的人际交往能力。

人际交往本是社会心理学术语，学术界没有统一的人际交往概念。社会学认为，人际交往是人与人之间通过物质和精神的交往而发生和发展的关系；心理学认为，人际关系是人与人之间在交往过程中产生的心理关系。综上所述，人际交往一般指个人与个人、群体与群体之间使用语言或非语言符号交换意见、交流信息、传递思想、表达情感需求，从而在心理上和行为上实现动态互动和平衡的过程。人际交往能力就是在一个团体、群体内与他人和谐相处的能力。学生处于学校这一社会环境中，在与同学交往中，能否得到别人的支持、帮助，取决于人际交往能力。因此，培养学生的人际交往能力对学生身心健康成长及综合能力培养起着至关重要的作用。教师应贯彻落实国家的教育方针，在教育教学过程中融入人际交往能力的培养，结合学生的现状，加强学生与学生、学生与教师之间的交流，在提升学生人际交往能力的同时为劳动教育的顺利开展铺路建桥。

（二）小学生人际交往特点

小学生的人际关系较简单，人际交往对象主要有亲人、同学和教师。因此，小学生的人际交往方式主要受父母的教养方式、父母的相处模式、教师的教学方式及评价方式、同学关系等的影响。小学生在人际交往中主要靠"模仿"，他们的人际交往动机较为单一，思想较为简单。小学生尚未形成自己完整的三观，并不能准确地判断自己需要哪一种朋友，这些身心发展特点决定了小学生人际交往的不稳定性。

（三）小学生人际交往能力的培养策略

培养学生良好的人际交往能力是当前开展小学劳动教育课程及综合实践活动的重要目标。劳动教育课程是国家规定、地方指导和学校开发的必修课，占据举足轻重的地位，其中涉及很多集体活动，在培养学生人际交往能力方面具有优势。因此，教师要利用好这门课程，在开展劳动教育实践活动中要以渗透的方式引领学生正确与他人交往，促进学生的良好发展。教师要发挥课程优势，在完成基础教学目标的同时，着眼于培养学生的人际交往能力，为学生今后学习和成长创造良好条件。

1. 明确活动主题，做好交往准备

教师在劳动教育实践活动的准备阶段应明确活动主题以及主要目标，学生将围绕这一主题在小组内交流探讨。明确活动主题不仅能使活动顺利开展，还能够帮助学生在交流探讨的过程中提升自己的交往能力。值得注意的是，在学生交流讨论的过程中，教师不能充当旁观者的角色，而应引导学生积极发表自己的意见，认真倾听并记录各小组的意见和建议，并且能够对学生的意见进行点评。当学生自己的意见不被其他同学接纳而情绪低落时，教师要及时对其进行心理疏导，使学生转变情绪，从而能够更好地融入集体。教师在疏导学生的过程中，要将学生重新带回小组交流探讨中，不断帮助学生提高其与他人交流沟通的能力。

充分讨论后，教师就可以带领学生设计劳动教育实践活动方案，最终由小组共同确定实际实施方案。此时，教师可以融入各小组，分析其方案实施的条件，为其活动方案的实施做好准备。

2. 注重方法传授，增强交际能力

在劳动教育实践活动实施的过程中，教师可以组织学生对每一阶段的成果进行探讨，让学生展示自己所在小组是如何开展活动的以及开展活动过程中遇到的困难。每个小组在分享的过程中，应重点分享是如何和同伴沟通交流的，使学生在交流意见的过程中互相学习，同时掌握人际交往的技巧。教师也要制定相应的奖励制度，对表现良好的小组给予肯定表扬，促进其进步；对表现欠佳的小组，应及时干预。这一奖励制度的实施，可以引导每个小组反思交流，找出存在的问题并提出具体的解决方案，确保后续活动的顺利开展。

活动的开展不仅仅局限于教室或学校这一较小的社会环境，学生可能会接触不同的社会团体，遇到复杂的劳动教育实践活动，此时学生需要借助多方力量才能完成任务。然而，小学生的年龄较小，社会关系较简单，人际交往能力尚且不足，难以借助他人力量完成劳动任务。此时的活动少不了教师的充分参与，当学生遇到难以靠自身力量解决的问题时，教师要引导学生学会积极向外部求助，获得外部力量的支持。通过以上环节，学生不仅能够学会与小组成员进行正确交流，也能够获得向他人求助的技巧，提升其与不同类型群体交流沟通的能力。

3. 注重活动评价，强化交际效果

成果展示与评价是劳动教育实践活动接近尾声时的重要环节。成果展示不仅仅是对活动进行总结，更是为了锻炼学生的表达能力。

在成果展示之前，教师允许每一个小组讨论要展示的内容，梳理展示思路，为展示做好准备。该环节有利于锻炼学生的梳理能力、表达能力，能够避免学生在展示成果时出现言之无序、吞吞吐吐的情况。

在成果展示的过程中，每一位学生不仅仅是倾听者，更是其他小组活动成果的评价者，需要给出客观的评价反馈。教师可组织学生在每一个小组成果汇报后进行科学合理的评价，为每一小组评分，引导学生学会倾听并能够正确地评价他人，提高学生的综合能力。

二、合作能力

合作能力对学生的发展影响较大，是学生健康成长和人生成功的必要条件。随着国家课程改革的逐步深入，学习化课程逐渐占据举足轻重的地位，合作能力的培养变得尤其重要。作为学习化课程的典型，劳动教育课程更加注重学生的亲身体验及实践，这使合作学习成为该课程的基本学习方式。劳动教育课程要求学生有较强的交往与沟通能力，因此学生必须具备合作意识和合作能力。劳动教育课程通过创设良好的合作情境，确定明确的小组目标，建构共同的合作愿景，使学生进行合作学习，共同承担责任，一起分享成功喜悦。劳动教育课程不仅能培养学生的合作意识，也能不断提高学生的合作能力。

（一）劳动教育课程中合作学习的内涵

对于合作的定义，许多心理学家对其进行了阐释。《心理学大辞典》中指出："合作是为了共同的目标而由两个以上的个体共同完成某一行为，是个体间协调作用的最高水平的行为。"在劳动教育课程中学生的合作能力体现在劳动活动开展的过程中，学生为了完成一定的目标、任务而与组内外人员交流与沟通。

（二）劳动教育课程中合作学习的重要性

合作是学生亲社会行为的重要组成部分，对学生社会认知和社会适应能力的发展有着不容小觑的影响。现代社会不仅是一个竞争激烈的社会，也是一个合作型的社会。从某种意义上说，合作是一种比知识更重要的能力，当代人必须学会交往，互帮互助，具有合作精神、合作能力。为了满足社会变革对人才的需要，学校应培养具有合作意识的学生，使学生能够适应时代的发展要求。而在基础教育阶段，劳动教育课程中蕴藏着丰富的可以用来培养小学生合作意识的优质资源，培养学生的合作精神与合作能力，理应成为劳动教育课程中的重要内容。

（三）劳动教育课程中培养合作能力的方法

劳动教育课程离不开教师与学生、学生与学生之间的合作交流，在组建小组时，教师要根据学生的性格、兴趣爱好、特长合理划分小组，这有利于学生取长补短，共同进步。

1. 强化学生小组意识，确立明确目标

每次开展劳动教育课程时，教师将学生分成若干小组，学生以小组为单位，共同探究。在小组建立之初，教师应充当好引导者的角色，加强学生的小组意识。只有当每一位同学都融入小组时，学生之间才能良好地合作，形成合力。其次，每个小组深入展开讨论，确定一个较为合适的名称，提出共同的小组口号，并将其确定为小组的奋斗目标，这有利于小组内部形成集体荣誉感。目标不能是虚无缥缈的，小组的目标就像是指明灯，应该是每位同学看得见、摸得着、够得到的，应该具有可接受性、可实现性和一定的挑战性，能够对小组成员起到激励作用。心理学研究表明，如果人们公开宣扬某一种观点时，他们就会倾向于在行动上与这种观点保持一致，即使他们从前不信奉这种观点。因此，公开陈述的思想会影响人们的行为，使人们的行为和这种思想保持一致。小组的目标确立后，有利于小组成员朝着目标共同努力，它能够使小组成员之间形成一种凝聚力。

2. 培养合作技能

学生具有良好的合作技能，可以更有效地参与劳动。在劳动课程中，教师应通过引导的方式循序渐进地培养学生的合作技能。

首先，要引导学生学会倾听。在合作交流的过程中，耐心专注的倾听有利于获取有效信息，提升合作效率。当一位同学发言时，其他同学应该认真地来倾听，而不应打断。同时，教师应随机抽取学生来转述发言同学的中心意思，这有利于训练学生在倾听中准确把握和总结他人言语中的关键信息的能力。

其次，要引导学生学会表达。不善于表达是合作学习顺利开展的一大阻碍。在引导学生认真倾听他人意见的同时，教师应引导学生表达自己的想法，使其他小组成员能够了解自己的想法。同时，引导学生学会表达，有利于小组成员交流，有利于更好地凝聚小组成员的智慧，使得劳动活动得以顺利开展。

最后，要引导学生学习基本的劳动技能。部分学生缺乏基本的劳动技能，所以在活动开展前，教师要简单地进行讲解，使学生掌握基本劳动技能，这样有利于活动的顺利开展，也有利于减少小组合作学习过程中的矛盾。

3. 组织团体学习

小学生的劳动知识并不丰富，部分学生在学习过程中可能会遇到很多问题，这就需要学生进行团体学习。团体学习是指学生在小组这个团体中的集体性学习。小组学生进行团体学习，有利于学生在学习中更好地运用所学到的知识，从而充分发挥主观能动性和积极性，提高合作效率。

4. 合理分工，鼓励小组成果共享

在劳动活动开展的过程中，教师应当引导小组成员合理、明确地分工，使小组成员明确自己应完成的任务，最终使小组任务顺利完成。明确组内成员任务，有利于使学生积极参与，提高合作效率。

同时，如果小组任务完成情况良好，教师一定要及时给予肯定和鼓励。在给予小组学生肯定和鼓励之前教师应深入了解，明确每位同学负责的内容，对每位学生进行有针对性的表扬，这样有利于学生热爱自己的团体，形成集体荣誉感，强化小组合作意识。

劳动教育课程的开展，为学生开展合作学习提供了机会，而学生具备合作学习的核心能力也为劳动教育课程的顺利实施打下了基础，这两者是密切相关、相辅相成的。

三、思维发散能力

2020 年，教育部印发了《大中小学劳动教育指导纲要（试行）》，其中明确指出，鼓励学生在学习和借鉴他人丰富经验的基础上，尝试新的方法、探索新的技术，打破僵化思维方式，推陈出新。劳动教育作为小学生学科教育的重要组成部分，具有实践性、综合性、创新性等特点，与学生的思维能力发展密切相关。随着素质教育的普及，劳动教育课程成为促进学生全面综合发展的重要课程，基于此，在劳动教育课程实施过程中应当不断地提升学生的能力，使学生在做中学、学中做。小学阶段是培养学生发散性思维的重要时期，而劳动技术课程为培养学生发散性思维创造了良好条件。正因如此，在小学劳动教育课程实施过程中教师应充分利用劳动教育课程的特点，引导学生在培养劳动技能的同时，提升发散性思维能力，培养学生的创造性思维能力，提高学生的创新意识。

（一）发散性思维的内涵

根据吉尔福特的观点，发散性思维是指从不同的方向思考，不受限于现有的知识范围，不遵循传统的固定方法，采取开放和分歧的方式，以衍生各种可能的答案或不同的解决方法。发散性思维作为一种思维形式，是按照思维的指向性划分出来的思维形式，与收敛思维相对。

（二）劳动教育课程中发散性思维的重要性

1. 发散性思维对学生劳动教育课程学习力的意义

劳动教育课程具有实践性、综合性、创造性等特点，与学生的发散性思维发展具有紧密的联系。伴随着课程改革的不断深入，动手与动脑结合的劳动教育课程走进人们的视野，其在培养学生发散性思维上具有优势，但多数的教师在教学中，以单方面讲解为主要的教学方式，忽略了对学生实践能力与思维能力的训练。

发散性思维是一种具有多方向性和开放性的思维形式，在活动过程中，学习者运用发散性思维，可以更高效地完成劳动任务。劳动课程的一大目标是锻炼学生的动手能力、创造能力，培养学生的发散性思维能够提高学生核心能力。

2. 发散性思维对于学生提升劳动课程学习力具有双重价值

一方面，发散性思维的培养，可以提升学习者的思维能力和创造能力。另外一方面，发散性思维的培养有利于学生提升学习力，从而使学生在掌握劳动技能的过程中获得自我认同，有利于学生的自我发展和自我超越。

（三）劳动教育课程中发散性思维培养的策略

1. 问题导向，培养发散性思维

在劳动教育课程中培养学生的发散性思维的关键是要以问题为导向，使学生在劳动活动中主动探究，以问题为导向，寻求解决问题的新方法。课程改革背景下的劳动教育课程应逐渐改变以往的以课堂为中心、以教师为中心的教学模式，形成内容丰富、实践性突出、方式灵活的课堂，以此充分激发学生参与活动的兴趣，让学生在实践中发散思维，提出问题，解决问题，从而提升学生的思维能力。

在活动过程中，若学生产生了新的想法，教师应及时发现，灵活应对，并将具有价值的内容积累起来，作为宝贵的教育资源，应用到日后的教学中。活动课程的一大禁忌是教师包办一切。当遇到问题时，教师应将问题及时抛给学生，引导学生集思广益，共同寻找解决问题的办法，在这种互动的模式下，培养学生的发散性思维。

2. 提升想象力，促进发散性思维的培养

发散性思维和想象力是你中有我、我中有你的关系。学生只有具备丰富的想象力，才能促成思维的发散。具体到劳动教育课程中，教师要积极引导学生发挥想象力，以此来促进发散性思维能力的提升。这就在知识和想象方面对学生提出了要求。在知识方面，教师要逐步引导学生掌握基本劳动理论知识，在想象方面，学生在劳动过程中不能仅仅局限于对所学知识进行简单应用，还要进行一定程度的创新创造，这样才能有更多的收获。

在活动开展中，教师切忌局限于对单一知识、单一方法的讲解，应为学生提供多样的劳动实践方向，充分激发他们的创造性思维和发散性思维。采用这样的教育方式，劳动项目才能常做常新，充满乐趣。

3. 从做中学，激活发散性思维

在劳动活动开展过程中，教师容易过度重视学生的劳动实践成果的展示，而忽略了学生的逻辑思维能力的发展，这与新课程改革的核心要求是相违背的。新课程改革背景下的劳动活动应结合本课程的育人优势，做好对学生劳动技能及思维品质的培养工作，不但要使学生在头脑中树立起劳动最光荣的意识，还应让学生切实感受到劳动能给他们带来的快乐，重点是让学生体会到学到劳动知识和劳动技能带来的快乐。因此，在劳动活动中，为了培养发散性思维能力，教师要切实做好引导工作，让学生在做中激活思维，获得认知的深化、能力的提高和素养的提升。

4. 从常规中找不同，发展发散性思维

发散性思维具有独特性，是学生进行创新的动力与源泉，学生的发散性思维的独特性主要体现在思维发散成果的新颖性以及思维发散的程度方面，小学阶段的学生大多好玩、好动，同时也更容易接受新事物及新知识。在劳动教育课程中，教师要注重引导学生在日常生活中发现问题，充分发散思维，以独特方式解决问题，使学生具有创造性。教师要善于对日常生活中的事物进行观察，寻找小的切入口，通过提问的方式，从常规中找不同，发展学生的发散性思维。

5. 大胆质疑，提升发散性思维能力

在劳动活动开展中，教师不应仅仅将目光放在学生问题意识的培养上，还应鼓励学生积极提问，引导学生大胆质疑，在质疑的过程中不断发散思维。正因如此，教师在劳动活动中应注重培养学生质疑的勇气及质疑的精神，引导学生在质疑中思考，在质疑中探究，帮助学生打开思路，促使学生在质疑的过程中产生新的快速解决问题的方法，从而帮助学生拓展思维的空间，丰富学生的劳动知识，为学生拓宽探究的通道，促进学生发散性思维的发展。

在劳动教育课程中，教师应根据《大中小学劳动教育指导纲要（试行）》的相关要求，加强对学生发散性思维能力的培养，真正践行"为学生思维能力发展而教"的教育理念，与此同时，教师应充分认识到，对学生发散性思维能力的锻炼和培养，目的在于帮助学生更加灵活、综合地运用所学的劳动技能与劳动知识，充分挖掘学生的创新、创造潜能，在劳动活动中提高学生的综合素质，为学生未来的良好发展铺路搭桥。

作业单

写出适合锻炼学生思维能力及合作能力的劳动活动。

主要参考文献

[1] 单旖旎 . 劳动教育的深化：追寻美学意蕴 [J]. 教育理论与实践，2020（31）：14-17.

[2] 申仁洪，黄甫全 . 合作活动学习刍论 [J]. 教育研究，2004（10）：60-63.

[3] 朱智贤 . 心理学大辞典 [M]. 北京：北京师范大学出版社，1989.

[4] 陈龙安 . 创造性思维与教学 [M]. 北京：中国轻工业出版社，2000.

第二部分　劳动主题设计案例——武汉市光谷第十二小学

项目主题一　动手整理我最棒

当学生从幼儿园步入小学一年级时，学习环境和生活环境会发生很大的变化，部分孩子会有些担心。除此之外，学生不仅要养成良好的学习习惯，还要独自建立良好的人际关系圈，不断提高独立生活的能力。由此可知，学生需要面对重重困难。教师要先解决孩子的个人生活问题，提高其生活技能，才能让学生更好地解决其他生活和学习上的问题。

本项目是小学一年级上学期的内容，属于生活起居领域。武汉市光谷第十二小学长期开展每月好习惯的培养活动，让习惯助力学生的成长。本项目旨在选择日常学校与生活中的劳动内容，使学生通过学习卷衣服、叠被子、系鞋带和穿、脱、叠雨衣等劳动技能，完成个人物品的简单收纳与整理，启发其明白自己的事情自己做的道理，逐步提高其自理、自立能力；通过学习洗手帕、擦课桌、扫地拖地、整理书包和书桌等劳动知识、技能，引导其积极参与班集体的劳动活动，在活动中遵守劳动纪律，完成个人物品和集体环境的清洗与清扫，不怕脏，不怕累，体会劳动的价值，体验获得劳动成果的快乐；通过自己动手实践与劳动,逐步提升其实践能力和社会责任感,使其成为懂劳动、会劳动、爱劳动的小学生。

为推动中小学生综合素养的培养，为使中小学生综合实践活动教学工作进行得更加顺利，2022年教育部印发的《中小学综合实践活动课程指导纲要》强化了课程的育人导向，明确提出了价值体认、责任担当、问题解决、创意物化四个方面的课程目标。由此可见，学生在校园里应该先学会做人，再学会读书，只注重成绩不利于他们的成长。

2022年，为了加强与学生生活和社会实际的联系，培养学生自理、自立能力，教育部印发了《义务教育劳动课程标准（2022年版）》，其中明确要求学生"完成比较简单的个人物品整理与清洗，居室、教室等卫生保洁、整理与收纳，形成'自己的事情自己做'的意识，具有初步的个人生活自理能力……在劳动过程中遵守纪律，不怕脏、不怕累，具有初步的劳动安全意识，初步养成有始有终、认真劳动的习惯"。本项目以卷衣服、叠被子，系鞋带，穿、脱、叠雨衣，洗手帕，擦课桌，扫地、拖地，整理书包和书桌等活动为突破口，逐步提高学生的个人生活自理能力和劳动意识，让学生动手实践、出力流汗，接受锻炼、磨炼意志，培养学生正确的劳动价值观和良好的劳动品质。

项目目标

认知目标

（1）通过一系列的项目活动，能自主探究并学习卷衣服、叠被子、系鞋带和穿、脱、叠雨衣等的方法，了解整理的标准和技巧，提高生活自理能力。通过了解洗手帕、擦课桌、扫地拖地、整理书包和书桌的方法、技巧与标准，认识到劳动的必要性和重要性，提高为集体做贡献的意识。

（2）针对自己在学校和生活中遇到的问题，通过自己查询相关资料或向他人寻求帮助，尝试解决问题，培养自主学习的意识，提高独立解决生活问题的能力，并通过询问长辈等方法解决卷衣服、叠被子、系鞋带、洗手帕、擦课桌、扫地拖地、整理书包、整理书桌和穿、脱、叠雨衣方面的问题，完整地体验探究学习的过程。

行为目标

（1）通过开展一系列的项目活动，使学生能独立、迅速且正确地完成卷衣服、叠被子、系鞋带、洗手帕、擦课桌、扫地与拖地、整理书包与书桌及穿、脱、叠雨衣等劳动活动，使学生掌握劳动技能，促进学生的动手操作能力和自理能力的提高。

（2）通过劳动实践和反思交流，能够自行总结经验和技巧，能够从身边人身上学会更多的生活起居的技能、知识等，并能举一反三，不断实践，在实践中深化认知。

（3）在劳动中通过与他人交往，形成良好的人际交往能力和良好的人际关系，逐渐学会独立处理同学之间发生的矛盾，遇到问题不情绪化，而是首先想解决问题的办法。

情意目标

（1）提高学生的劳动意识，充分激发学生劳动的兴趣，培养学生热爱劳动的好习惯，使学生形成正确的劳动价值观和良好的劳动品质。

（2）启发学生做事讲究方法和技巧，提高做事的效率，认真学习卷衣服、叠被子、系鞋带、洗手帕、擦课桌、扫地与拖地、整理书包与书桌和穿、脱、叠雨衣等技能，从小树立自己的事情自己做的意识，养成勤俭、负责、守纪的品质。

（3）能够主动参与家庭整理和学校打扫等劳动活动，珍惜自己和他人的劳动成果，形成良好的合作和交流的氛围，养成爱护工具和节约材料的习惯，养成诚实、进取、热爱生活的精神品质。

（4）体会自理能力提高的快乐、自己做完自己事情后的满足感、教授他人整理知识时的成就感。

项目规划

活动流程	项目内容	活动方式	课时及场地	活动目标
明确过程	1.前期调研活动：调查日常生活中有哪些家务劳动和学校生活中有哪些个人或集体的劳动活动 2.创设劳动情境：班级开展一系列比赛活动 3.揭示劳动主题 4.梳理劳动任务 5.交流解决办法	调研活动 策划活动	劳技教室 2～3课时	认知目标 情意目标
学习步骤	1.了解卷衣服、叠被子、系鞋带和洗手帕的基本方法、要求和技巧，引导学生将方法编成儿歌或者朗朗上口的口诀，方便记忆 2.了解擦课桌、扫地拖地、整理书包、整理书桌和穿、脱、叠雨衣的常用方法，归纳适合自己的方法，练习并迅速完成这些劳动任务	活动探究 归纳总结	劳技教室 5～6课时	认知目标 行为目标
深入实践	1.争做小小整理师 ①学生回家自行实践，观察自己的卧室或者家中其他房间，找一找哪些地方需要整理和收纳 ②学生能够按照学到的方法在家对自己的衣物进行整理；完成劳动活动记录册；自行总结整理经验 2.争做整理小能手 在班级举行比赛，选出整理小能手。学生之间师徒结对，共同提高自理能力，培养良好的劳动习惯	实践操作	家庭劳动 5～6课时	行为目标 情意目标
学会反思	1.分享交流劳动活动记录册 2.使用PPT展示劳动的成果 3.积极交流活动的感受 4.师生进行活动总结与评价	分享交流 总结评价	课堂劳动 4～5课时	情意目标

项目规程

任务一：穿、脱、叠雨衣

【程序】

1. 穿雨衣

（1）分清雨衣前后。

（2）将雨衣领口套头上。

（3）戴上雨衣帽。

（4）扣上领口按扣，系好帽子的绳子。

2. 脱雨衣

（1）解开雨衣的绳子和扣子。

（2）脱下雨衣帽。

（3）两手抓住雨衣往上脱。

3. 叠雨衣

（1）系扣，平铺。有拉链的拉上拉链，将长款雨衣正面摊开，平铺在桌上，拉平雨衣，尽量不使其产生褶皱，翻到反面拉平雨衣。

（2）对折，拉平。沿正中间竖线左右对折，使左右袖口完全重叠。

（3）叠袖。将袖子向雨衣内部折起，使其全部贴合在雨衣里。

（4）两次对折。将雨衣对折，使帽子部分与衣角重叠，再次对折。两次对折后摊开，此时雨衣出现三道折痕。

（5）沿折痕折三次。将帽子部分沿第一道折痕对折，再依次沿折痕对折两次。

（6）经三次折叠后的长款雨衣就变成了齐齐整整的豆腐状，雨衣厚度刚刚好。想要雨衣占据的面积再小一些，可以将雨衣对折，使帽子部分与衣角重叠，然后多对折几次，在雨衣上留下更多折痕，再沿折痕依次对折。

【标准】

1. 穿雨衣

（1）操作有条不紊。

（2）方法熟练，快速有序。

2. 脱雨衣

（1）操作有条不紊。

（2）熟练、快速、有序。

3. 叠雨衣

（1）左右对称、四角平整。

（2）雨衣的肩膀、袖口、下摆在一条直线上。

【技巧】

1. 穿雨衣儿歌

小雨衣放放平，两脚叉开伸进去；穿上裤腿往上提，小脚穿上小雨靴。

小胳膊穿袖子，左手右手伸进去；再把拉链往上拉，我们的雨衣穿好啦。

2. 脱雨衣

缩缩头，脱下你的小帽子；缩缩手，拉出你的小袖口。

3. 叠雨衣

快速叠雨衣的窍门是先将雨衣上下对折，使其帽子与衣角重叠，然后再次对折，在雨衣上留下折痕，将雨衣沿折痕从上往下折。

（2）鸡肉卷法：把雨衣卷起来可使衣服不散，同时占的空间较小。

（3）V 字收纳法：悬挂起来不用担心衣架会把衣服撑变形。

任务二：整理书桌

【程序】

（1）把用过的课本放进书包，不使其占据课桌桌面空间。

（2）书本、学习用品放在课桌上特定的地方。

①学习用品有固定的摆放位置，如铅笔、橡皮放在铅笔盒里，铅笔盒放在小课桌的正前方。

②书本按照每天课表的顺序，从上往下排列，放在课桌抽屉的左边；作业本按学科叠放在一起，放在课桌抽屉的右边。

（3）随机抽取几名学生按照要求来整理课桌。

【标准】

（1）物品分类正确。

（2）物品保存完整。

（3）物品摆放整齐。

（4）物品整理美观。

【技巧】

1. 分类摆放，存取方便

课本、练习本、工具书等分类摆放，各有固定的摆放位置，方便寻找。

2. 消灭课桌上的诱惑——小玩具等

有些课桌乱是因为摆放了闲杂物品，如小尺子、小玩具、电子表等。这些物品不及时清理，不仅会占据桌面空间，还会极大地增加学生被"诱惑"的可能性，使学生无法集中精力认真听讲，影响其学习，所以应将其收纳到看不见的地方。

3. 清理桌兜

桌兜里要按顺序摆放书籍，清理掉不用的书籍、废纸等。

4. 书包摆放

到教室后，从书包里取出当天用的课本和其他学习用品，然后将书包放在教室书柜里，放学再取出书包。

5. 整理课桌

整理课桌可以在潜移默化中锻炼学生的条理性。

任务三：洗手帕

【程序】

（1）使用肥皂、洗衣液或皂液等来清洗手帕，清洗时搓一搓手帕的中间部位和四条边。

（2）在水里漂洗一遍，再用清水漂洗一遍，如果还有肥皂泡泡，多漂洗几遍。

（3）漂洗完拧干、甩平、晾起来。

【标准】

（1）手帕干净整洁、无异味。

（2）水盆干净。

【技巧】

（1）洗手帕儿歌：

浸湿小手帕，打上小肥皂。

小手搓一搓，清水洗一洗。

用力拧一拧，晾起小手帕。

（2）放在盐水里浸泡杀菌：需要准备一盆温度适当的水，在里面加入适量食用盐，然后把手帕浸泡在里面，浸泡十几分钟后就可把手帕清洗干净。因为盐有杀菌的作用，把手帕泡在里面一段时间，很快就能把上面的脏东西洗干净。

（3）食醋浸泡清洗：首先将食醋或白醋倒入盆中，然后将有异味的手帕放进盆中浸泡，大约一个小时之后，再将手帕揉搓清洗干净，这样手帕就不会有怪味了。

任务四：卷衣服

【程序】

1. 卷上衣

首先把衣服平铺，左右袖子折叠，然后将下底边翻折上去，从左向右卷成筒状，卷得越紧越好。这样卷出来的衣服没有折痕且非常节省空间。

如果是高领衫，先把领子往下折叠，然后左右衣袖交叉相卷，衣服对折，然后从左向右卷成筒状。

2. 卷裤子

先把裤子铺平，然后左右对折，把裤腰翻过来，翻到大约是裤长的五分之一处整理好，从裤脚开始向上卷。注意要卷紧一点儿，一直卷到腰部折叠地方，最后，将卷起来的裤腿塞进裤腰。

【标准】

（1）卷好的衣服非常紧。

（2）卷好的衣服要整齐。

（3）卷好的衣服美观、节省空间。

【技巧】

（1）把衣服的下摆往外折，折到大约是整件衣服长度的四分之一或者五分之一处。

（2）将衣服左右边，包括袖子，一起向中间对折，左右两边各占一半。

（3）将衣服从顶部开始往下卷，一直卷到最后。

（4）将第二步所折的部分翻过来，包住之前所卷的衣服即可。

（5）注意在卷衣服的过程中，要保持卷起的表面平滑。

（6）可以尝试用细线来固定每一卷衣物，但是不要绑得太紧，不然衣物就皱了。

（7）衣服展开来，小门关关紧，双手抱一抱，衣服叠整齐。

任务五：整理书包

【程序】

1. 树立意识

（1）学生了解书包的作用，认识到整理书包的重要性。

（2）提前把班级课表抄写下来，贴在笔记本里或者贴在书本里。

2. 清空书包

（1）学生自主把书包中的所有物品拿出来，不论是学习用品还是非学习用品，通通放到一起。

（2）拿纸巾或者简单的清洗工具，把书包、学习用品和非学习用品等擦一擦。

3. 物品分类

（1）学习书本：教学课本、作业本、笔记本等。

（2）学习文具：钢笔、中性笔、铅笔、橡皮擦、尺子等。

（3）艺术课程、体育课程等需要用到的物品。

（4）非学习用品：红领巾、钥匙、玩具、水杯、公交卡等。

4. 物品筛选

（1）不带削笔刀等危险物品，而将其放在家中，不将零食、玩具、贵重物品和钱币带到学校。

（2）根据课表，及时把第二天的用品整理好，不需要使用的物品及时收纳好。物品拿出来之后分类放在小箱子里、书桌上或者是收纳盒中。

5. 物品收纳

（1）非学习用品和艺术课程用具统一放在一个文件袋（收纳变动较大的物品）中，水杯放在书包外侧口袋。

（2）准备其他学科的收纳袋，在收纳袋上标注好学科内容、班级和姓名。

（3）试卷等按照科目和发放的时间放在活页夹内，侧面贴上学科名称。

（4）学习文具统一放在文具盒中，文具盒放在书包最外侧，方便随时拿取（准备备用口罩和红领巾）。

6. 物品维持

（1）坚持一条原则：样样东西，随手归位。

（2）生生定期互相检查，重复练习，形成整理的习惯。

【标准】

（1）书包里没有垃圾。

（2）打开书包，看到的应该是收纳袋，没有其他物品在外面。

（3）非学习用品尽量材质轻便。

（4）书包整理由学生自行完成。

（5）书包里不放过多的备用作业本。

【技巧】

《整理书包》儿歌

小书包，作用大，我来把它整理好。看课表，拿好书，根据学科袋袋放。

贵重品，危险物，平平安安放家里。文具盒，准备好，高高兴兴把学上。

任务六：擦课桌

【程序】

1. 工具与准备

（1）准备两块抹布和一盆干净的水。

（2）擦桌子之前先将课桌上的学习用品等放到抽屉里。

2. 擦拭与清洗

（1）把其中一块抹布打湿并拧干，较大的抹布可以折叠使用。

（2）从桌角开始，用抹布上下来回擦拭桌面，再从左向右擦拭。当书桌有纹理的时候，顺着桌子的纹理均匀、仔细擦拭。

（3）将脏了的抹布放入水盆中清洗、拧干，再擦拭一遍。

（4）用干净的抹布顺着纹理再擦拭一遍，直至干净为止。

3. 换水与晾晒

（1）中途要换水，把用过的水倒掉或循环使用。

（2）将抹布和水盆清洗干净，放在干燥的地方晾晒。

（3）晒干后，将抹布整理折叠好，将水盆放好。

【标准】

（1）及时清洗、更换毛巾，保持地面干净整洁。

（2）擦拭时不能将桌上的残渣弄到地上，可以暂时用抹布包好，最后一起倒入垃圾桶。

【技巧】

（1）顺纹理，按方向，来回擦。

（2）勤换水，晾晒好，保干净。

任务七：扫地拖地

【程序】

1. 扫地

（1）提前确定扫地的范围和打扫的时间，提前把扫地所用的工具准备好，提前把一些易碎品或阻挡清扫的物品移开。

（2）扫地的方向：从左到右，从前往后，一行一行地扫或者一块一块地扫，从房间的里面向外打扫，不留任何死角，最后扫成一堆，用簸箕撮一撮。

（3）扫地的姿势：右手拿扫把，左手自然下垂，当已经熟练地掌握了扫地的技能后，可以右手拿扫把，左手拿簸箕，拿扫把的位置不能太低，也不能太高，扫地时随扫地的动作自然弯腰。

（4）扫完后检查角落是否打扫干净。

（5）扫地工具的清理：把扫把头中的头发或者细碎垃圾丢入垃圾桶，将簸箕中的垃圾也倒入垃圾桶。

2. 拖地

（1）拖地前地面要扫干净，因为把地上的绝大部分垃圾清扫干净后，拖地的效率会更高。

（2）清扫完毕后，在拖把池把拖把打湿或把拖把放入水中浸湿，保持一定的含水量，然后把拖把提起来沥干，用湿拖把拖一次地，基本上就可以将地面上的污渍清理干净了。

（3）拖地时拖出的垃圾可以堆在一处，最后再清理。在条件允许的情况下，可以用干拖把再拖一遍。

（4）拖完地，把拖把清洗干净。保持良好的通风条件，屋内人员不要随意走动。

【标准】

1. 扫地

（1）扫地前移动的物品要放回原位。

（2）簸箕中不能有垃圾，扫把头上不能有头发或碎屑，要清理干净。

（3）轻扫轻放，不要太大幅度挥动扫把，否则容易让灰尘飘浮在空气中。

被人吸入体内。

2. 拖地

（1）拖地前扫地要彻底，先彻底清扫一遍会节省3倍以上的拖地时间。

（2）拖完地之后垃圾要清理干净。

（3）拖把不能太湿，避免使人滑倒或地面长时间干不了，影响室内成员走动。

（4）拖把最后要清理干净，并且放在通风的地方晾干。

【技巧】

（1）增加扫地、拖地的趣味性，如进行两人趣味比赛。

（2）在室内成员吃饭的时候不能清扫。

（3）扫地时扫把不要弄湿，要保持干燥。

（4）当遇到难以拖干净的地方时，可以来回拖地，也可借助脚来拖干净。

（5）让优秀值日生分享打扫心得，让学生互相学习。

任务八：叠被子

【程序】

（1）把被子平铺，用手抚平褶皱，被子四个角要饱和。

（2）用双手捏住被子长边的两个被角，从外往里折叠被子，折叠宽度大约为被子的三分之一，再拿起另外两个被角从外往里折，折叠宽度大约为被子的三分之一，折成细长条的被子。

（3）在被子的四分之一处折叠，再在被子另一侧的四分之一处折叠，最后对折。

【标准】

（1）被子无褶皱，平整且好看。

（2）被子棱角分明，像豆腐块。

（3）被子折叠的方法多种多样，折叠好的被子大小适中。

【技巧】

（1）被子从开始叠的时候就要拉平整，每叠一层都要拉平整。

（2）叠的每一层都要对齐。

（3）最后整理外形也很重要。

任务九：系鞋带

【程序】

（1）坐在矮凳子上或蹲着，把鞋带松开，放在鞋子两边。

（2）每只手拿一根鞋带，将左右鞋带在中间交叉拉紧。

（3）把左右的鞋带同时做出一个如兔子耳朵的小环，小环后面也有像兔子尾巴一样的尾巴。

（4）将两条鞋带的小环交叉，其中一个小环穿过两个小环交叉后在下方形成的圆圈。

（5）左右手抓住小环并拉紧，鞋带就系好了。

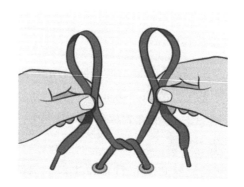

【标准】

（1）鞋带要系紧，不然容易踩到鞋带摔倒。

（2）鞋带系好后，剩余的部分不能拖到地上。

（3）鞋带的左右两边长度尽量一致。

【技巧】

（1）好朋友，手握手，变只耳朵，手拉手。

（2）大耳朵兔子，绕过树旁，跳进洞中，抓住啦。

（3）鞋带拿手中，先左右交叉；一根钻过门，两手拉住它。

评价指标

本项目评价主体为学生本人、伙伴、教师和家长，可依据下表评价指标进行评价。

核心素养	一级指标	二级指标	表现标准	评价等级
劳动观念	明确劳动概念	在社会实践中对于劳动的认识	认识到劳动的重要性，认识到每一个人都应该做一些力所能及的劳动	☆☆☆☆☆
		在个体认知中对于劳动的认识	劳动是财富和幸福的源泉，感受劳动最光荣、最美丽	☆☆☆☆☆
	学会尊重劳动	对于身边劳动者的态度	尊重自己和父母的劳动	☆☆☆☆☆
		对于所获得的劳动成果的态度	认识到劳动能改变人们的生活，劳动能创造美好的生活	☆☆☆☆☆
	懂得热爱劳动	培养热爱劳动的精神	对感兴趣的劳动有持续的劳动热情，积极参与、学习与探究	☆☆☆☆☆
	切实崇尚劳动	树立正确的劳动意识	意识到劳动是生活的重要组成部分	☆☆☆☆☆

核心素养	一级指标	二级指标	表现标准	评价等级
劳动能力	实践操作	实践过程	掌握常见劳动项目的程序	☆☆☆☆☆
		习得方法	掌握常见劳动项目所需的基本技能和要领	☆☆☆☆☆
	实践技能运用	学习时长	能够在学校或者家庭中反复练习这些劳动技能并熟练掌握	☆☆☆☆☆
		学会运用	灵活运用方法解决生活中的实际问题	☆☆☆☆☆
	技能掌握	掌握知识	能够根据需要完成任务，并且熟练掌握技能	☆☆☆☆☆
		学习优化	能通过练习和实践发现要领和难点，找到比较优化的实践方法，并展示劳动成果	☆☆☆☆☆
劳动精神	在劳动过程中领悟劳动精神	虚心学习	在劳动体验的过程中，能不怕苦、不怕累，有热爱劳动的精神和向身边长辈学习的精神	☆☆☆☆☆
		一丝不苟	初步认识到劳动时必须认真负责，并积极主动完成劳动任务	☆☆☆☆☆
	体会劳动过程的独特意义	正直节俭	亲身参与劳动，体验劳动的快乐，感受劳动成果的得来不易	☆☆☆☆☆
		坚持创新	在整理过程中反复实践，找到一些科学实用的小窍门，学会举一反三	☆☆☆☆☆

续 表

核心素养	一级指标	二级指标	表现标准	评价等级
劳动习惯和品质	养成良好的劳动习惯	自觉主动	能够主动参加劳动，在家人的监督指导下完成任务，愿意为自己和他人服务	☆☆☆☆☆
		持之以恒	能通过劳动打卡记录完成劳动项目，参加学校不定期开展的活动和劳动比赛	☆☆☆☆☆
	培养良好的劳动品质	乐此不疲	在劳动中不怕吃苦、不怕失败	☆☆☆☆☆
		全心全意	懂得遵守劳动纪律、珍惜自己的劳动成果	☆☆☆☆☆

本主题设计案例由武汉市光谷第十二小学老师张洋、谭姣姣供稿。

项目主题二　卫生清洁小帮手

　　本主题是一年级下学期的课程内容，属于生活劳动范畴，通过一系列贴近生活的问题，让学生在解决问题的过程中，通过主动交流劳动经验、上网查资料等，掌握扫地、拖地、擦桌子、洗碗、择菜、洗果蔬的方法和技能。通过亲身实践、服务家人的过程，学生认识到人们的生活需要卫生清洁，感受到清洁卫生的价值与幸福，体会家长的不易，从而更加尊重自己和父母的劳动。通过学生榜样的示范，使学生树立正确的劳动观，养成服务家人、感恩家人和自觉维护劳动成果的好习惯。

项目目标

认知目标

　　（1）通过本主题活动，学生主动探究并熟练掌握扫地、拖地、擦桌子的步骤和方法，了解扫地、拖地、擦桌子等的评价标准；主动探究并熟练掌握洗碗、洗果蔬、用搓衣板和洗衣机洗衣物的步骤和方法，了解把蔬菜择干净、洗干净，把碗、水果、衣物等清洗干净的评价标准。

　　（2）通过发现生活中需要卫生清洁的情况，学生主动提出相关问题，并通过问有经验的人和上网查找资料等方法，解决扫地、拖地、擦桌子等卫生清洁方面的问题，解决洗碗、洗果蔬、用搓衣板和洗衣机洗衣物等方面的问题，体验探究学习的完整过程。

　　（3）通过收集信息的过程，学生知道收集信息应遵循准确性、全面性、时效性三个基本原则，具备甄别信息的能力。

行为目标

（1）通过本主题活动的开展，学生能正确熟练地完成扫地、拖地、擦桌子等劳动项目，能正确熟练地完成洗碗、择洗果蔬、用搓衣板和洗衣机洗衣物等劳动项目。

（2）通过劳动实践和反思交流，学生能够自己总结和从身边的榜样身上学会更多卫生清洁的技巧，会举一反三、实践应用。

（3）注意安全并合理使用洗涤剂、水、电等，不浪费资源。

情意目标

（1）通过本主题活动，学生认识到卫生清洁劳动的价值，知道劳动要有始有终，学会维护劳动成果。

（2）能主动参加学校和家庭中卫生清洁方面的劳动，愿意为自己和他人服务。

（3)能够尊重自己和父母的劳动及劳动成果,养成力所能及的事情主动做、为父母分担家务的好习惯。

项目规划

活动流程	课程内容	活动方式	课时及场地	活动目标
工作明确过程	1.创设情境：从介绍清洁工具入手，引导学生思考自己会做哪些卫生清洁 2.揭示主题，提出驱动性问题：开展"卫生清洁小帮手"活动，看看你会哪些卫生清洁方面的工作 3.梳理任务：梳理生活中卫生清洁方面的劳动内容，明确核心任务 4.交流解决方法：问有经验的父母、上网找资料	讨论交流收集资料	1课时教室	认知目标（2）（3）情意目标（2）

活动流程	课程内容	活动方式	课时及场地	活动目标
学习步骤	1.了解并学会扫地、拖地、擦桌子的方法和技巧 2.总结交流扫地、拖地、擦桌子的评价标准 3.练习并完成扫地、拖地、擦桌子的任务 4.了解并认识扫地、拖地、擦桌子的工具，了解其正确的使用方法及注意事项 5.总结交流扫地、拖地、擦桌子的方法、技巧和评价标准	讨论交流	1课时教室	认知目标（1）（2） 行为目标（1）（2）（3）
深入实践	1.小小帮厨 （1）回家实践，找找家里有哪些可以参与的卫生清洁劳动项目 （2）找到自己适合的卫生清洁劳动项目，将其进行排序 （3）用学到的扫地、拖地、擦桌子方法进行劳动 （4）用学到的择菜、洗菜、洗碗和洗水果的方法和步骤进行劳动 （5）与同学交流自己的劳动过程和感受 2.清洗衣物 （1）回家实践，找找家里有哪些衣物需要清洗 （2）根据自身及家里的实际情况，选择合适的方法清洗衣物 （3）用学到的清洗衣物的方法和步骤清洗衣物 （4）交流清洗衣物的过程和感受	策划体验交流	1课时家庭	行为目标（1）（2）（3） 情意目标（1）（2）（3）

续　表

活动流程	课程内容	活动方式	课时及场地	活动目标
学会反思	1. 完成劳动记录单 2. 展示劳动成果，交流劳动感受 3. 讲讲自己进行卫生清洁劳动时的小故事 4. 交流卫生清洁小窍门 5. 进行活动总结和评价，选出"优秀清洁小帮手"	交流汇报评价	1课时学校	行为目标（2） 情意目标（1）（2）（3）

任务规程

任务一：洗碗

【洗碗的程序】

（1）准备：及时将使用过的碗、碟、盘、勺收集到指定位置，准备好洗洁精、海绵或洗碗巾。

（2）初洗：将碗内的食物残渣简单冲洗一下。

（3）细洗：挤适量洗洁精到海绵上，然后用海绵把碗筷全都抹一遍。

（4）清洗：直接打开水龙头，把碗筷漂洗干净，避免洗涤剂残留。

（5）沥水：将碗里残存的水沥干净。

（6）收碗：把洗干净的碗收到碗架里。

（7）清理：将洗碗的水槽及周边清理干净。

【洗碗的方法步骤】

（1）先将餐盘、碗、盆中的残羹剩饭倒掉。

（2）可以用厨房纸巾擦去餐盘上的油渍，这样可以避免过多的油水进入排水管道。

（3）把碗、筷、盆、碟、勺等进行分类，大的在下，小的在上，放入水槽中。

（4）在碗中倒入适量洗洁精和水，用洗碗布将碗、盆、碟、勺等先擦洗一遍。这一步用水量要少，洗洁精也要适量，不要多用。碗盘上有黏性物质的话，可以多浸泡一下。筷子可以用双手搓动，这样清洗效果较好。

（5）用水槽蓄水清洗或用流水冲洗，有条件的可使用温热水，效果更佳。这一步动作要快，要节约用水。

（6）将洗干净的碗筷放在碗架上晾干，再放入碗柜或消毒柜。

（7）用抹布擦拭、清理饭桌和厨房灶台。

【洗碗的注意事项】

（1）洗碗前把碗盘按盛放过的食物的特点分类，如无油、有油或生肉和熟食等，避免发生交叉污染。

（2）使用洗洁精时，量不可过多，清洗完毕后，用流水彻底冲洗干净。

（3）洗碗后，抹布或其他清洁工具一定要在通风处或温热处晾干。

（4）洗完碗筷后记得分类收纳。

【洗碗的评价标准】

（1）吃完饭能主动收拾碗筷，拿稳碗，不打碎。

（2）洗完的碗内外无食物残留。

（3）碗上的洗涤剂冲洗干净。

（4）碗内残留的水沥干。

（5）将洗干净的碗按大小顺序整理好，放到碗架的相应位置。

（6）能将水槽及周边清理干净。

【洗碗的技巧】

（1）捡碗筷时手要干爽，要拿好碗边，防止碗掉在地上。

（2）海绵比洗碗布效果好，能产生大量泡沫，不浪费洗涤剂，而且洗得干净。

（3）难去除的污渍可以用热水多泡泡，还可以用钢丝球去除。

（4）洗涤剂不用挤太多，挤出黄豆大小即可，也可以用食用碱代替。

（5）为了更干净，还可以定期对碗筷进行消毒。

①把碗放到水中煮沸，保持 20～30 min 就可以达到消毒的目的，操作时要注意将器皿全部浸入水中。

②把洗好的碗晾干后，放入消毒柜消毒。

任务二：择菜

【择菜的程序】

（1）准备：未清洗的蔬菜、洗菜盆、水、去皮刀、垃圾桶和清扫工具等。

（2）挑摘：摘出黄叶、菜梗、虫子、异物及腐烂部分。

（3）浸泡：浸泡时间约为 20 min 左右（可酌情加入适量洗涤用品）。

（4）清洗：浸泡后再仔细清洗一遍，用流水清洗，避免有其他杂质残留。

（5）清理：清理地面及下水道口。

【择菜的步骤】

1. 劳动要点

（1）择菜：不能吃和不新鲜的部分要去掉。

（2）洗菜：菜梗和菜叶都要洗干净。

2. 劳动体验

（1）准备材料与工具。

（2）去根：剪掉芹菜的根部（使用剪刀时要注意安全）。

（3）去叶去茎：摘掉发黄的、烂的、干的、坏掉的茎和叶。

（4）完成择菜：保留蔬菜食用部分，如芹菜的叶。

（5）初步清洗：在盆里放入清水，使水没过菜，初步清洗。

（6）流水冲洗。

（7）清洗后放在沥水篮里，备用。

【择菜的评价标准】

（1）能根据蔬菜的不同种类选择合适的方法择菜。

（2）能从色泽和新鲜程度准确判断蔬菜的黄老叶，不乱扔好叶。

（3）能将蔬菜上的泥土、黄叶、烂叶清理干净，又不浪费蔬菜。

（4）选择合适的方法清洗蔬菜，清洗后的蔬菜可以食用，无残土、无黄叶、无残留。

（5）使用去皮刀等工具时，需要小心，别被刀片割伤手。

（6）择菜后能将择菜用的工具及周边清理干净。

【择菜的方法】

（1）去根、去黄老叶（如芹菜、菠菜等）：去黄烂叶—分枝—去根—去虫害部位—冲洗。

（2）去边缘丝状物（如芸豆、荷兰豆等）：去除边缘丝状物—去虫害部位—冲洗。

（3）削皮（如土豆、莲藕、猕猴桃等）：洗去表面泥土—（刮）去外皮—冲洗。

（4）去籽（如苦瓜、辣椒、哈密瓜等）：去蒂—剖开—去籽—冲洗。

（5）剥壳（如豌豆等）：挤压剥壳—筛选—冲洗。

【择菜的技巧】

（1）使用去皮刀给土豆等根茎类蔬菜去皮，可以更贴合表皮，省时省力，同时削的皮薄，不浪费食材。

（2）将刚采摘的蔬菜在空气中放置24 h，一些残留农药能够分解成对人体无害的物质，所以像冬瓜等不易腐烂的蔬菜可以适当放置一段时间。

（3）通过紫外线光照，也可以使蔬菜中部分残留农药分解、失活。豆角、菜花等蔬菜，可以在清洗后用开水烫一下，这样也能灭菌，去除残留的农药。

（4）洗蔬菜时还可以利用厨房中的常用物品去除农药。

①去除农药残留——酸碱中和法。农药多为酸性，使用碱性物质，可以中和农药，降低或消除毒性。小苏打是一种常用的家庭厨房用品，可以制作美食，还对防治植物病虫害的有机磷类农药有一定效果。不过，用小苏打等碱性水清洗水果需要掌握好浓度，浓度10%的碱性水清除效果最佳。此外，还可用碱面、洗过两遍后的淘米水等（前两遍为酸性）。

②去杂质——摩擦、吸附原理。对于流水冲洗难以去除的污垢和杂质，可采用"增加摩擦力"的方法。比如，借助食盐的晶体结构，去除桃表皮的绒毛；

洗表皮较坚固的水果时，可用含有"摩擦剂"和"表面活性剂"的牙膏搓洗；面粉是由无数干燥的微小颗粒组成的，具有吸附性能，可先将水果在面粉水中浸泡 5 min 再洗。

③除病菌——脱水灭菌法。盐水是通过溶液的渗透压高于细菌内的渗透压，使细菌脱水，从而达到杀菌的目的的。选用 2% 的食盐水来洗涤，可杀灭葡萄球菌，也可有效去除虫和虫卵。

任务三： 洗蔬菜水果

【洗蔬菜水果的程序】

（1）准备：做好蔬菜水果清洗的准备工作，准备好水、需要用的洗涤用品。

（2）浸泡：把要洗的蔬菜水果放入水盆浸湿。

（3）搓洗：可以根据需要放入小苏打或盐等，然后两手来回用力搓洗。

（4）冲洗：用清水将蔬菜水果冲洗一至两遍，直至冲洗干净。

（5）沥水：把洗干净的蔬菜水果沥水后，根据需要做菜或直接吃即可。

（6）清理：把水盆里的水倒掉，并清理水槽及周围水渍，保持环境干净整洁。

【洗蔬菜水果的注意事项】

（1）清洗不同的水果要用不同的工具。

（2）洗红薯是先用毛刷刷，再用清水冲。

（3）可以用淘米水来清洗果蔬，这样可以将部分农药去除。

（4）绿叶蔬菜可以用盐水浸泡一会儿再清洗。

（5）调查常见的清洗工具。

| 清洗工具 | ①毛刷 | ②钢丝球 | ③百洁布 | |

清洁剂

①果蔬净

②淘米水

③面粉水

④盐水

（6）学习根茎类蔬菜的清洗方法。例如，胡萝卜的清洗方法如下。

①根据胡萝卜的特点，选择使用钢丝球清洗。

②用手将外皮上大块的泥土去掉。

③用钢丝球在胡萝卜表面轻轻刷洗。

④用清水冲洗。

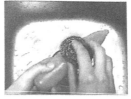

（7）根据蔬菜的特点，选择合适的工具。

果蔬					

我选择的清洗工具

我选择的清洁剂

（8）浸泡清洗。有些水果需要浸泡一段时间才能清洗干净，如草莓等。

①用清水冲洗草莓2遍，将表面污垢冲洗干净。

②用淘米水浸泡 2～3 min，以减少农药残留。

③浸泡一段时间后，用清水冲洗两遍。

（9）去果皮的方法和步骤。例如，给苹果剥皮，将苹果洗干净，一手握住苹果的侧面，另一手握住削皮器的手柄，将刀切入苹果外皮，旋转削皮。

（10）谈一谈还有哪些削皮工具和方法。例如，工具有剥橙器、削苹果器等，剥皮的方法有通过开水浸泡剥西红柿的皮、用牙签插进葡萄沿皮转一圈剥葡萄皮等。

（11）果蔬去皮方法。

工 具	果 蔬	使用方法	小窍门
金属勺	土豆	洗干净后，用小勺从上到下轻轻刮动	刮皮时，用手捏住勺子头的上半部

【洗蔬菜水果的评价标准】

（1）知道所洗蔬菜水果的名称。

（2）能根据需要选择正确的清洗方法，彻底去除蔬菜水果上的污渍和残留的农药、杂质等。

（3）将蔬菜水果上的水沥干。

（4）清洗后能将水槽周围清理干净，各种用具放回原位。

【洗蔬菜水果的技巧】

（1）在清洗水果时，尽量不用洗洁精，可以选择可食用、无害健康的物品，如小苏打、盐、淘米水、面粉等进行清洗。

（2）可根据水果表皮的坚固程度、污渍的顽固程度、环保性等因素，选择合适的洗涤剂。例如，清洗草莓时可以将草莓浸在淘米水及淡盐水中

3 min，使附着在草莓表面的昆虫及虫卵浮起，便于被水冲掉，而且这样可以起到一定的消毒作用。又如，洗蔬菜时用小苏打水浸泡 10 min，能更好地去除蔬菜上残留的农药。

（3）洗蔬菜水果前最好不把蔬菜水果上的蒂摘掉，免得在浸泡过程中让农药及污染物通过"伤口"渗入果实，造成污染。

任务四：搓衣板洗衣物

【搓衣板洗衣物的程序】

（1）准备：盆、搓衣板、衣物洗涤剂（包括洗衣粉、洗衣液、洗衣皂等）、适合用搓衣板洗的脏衣物等。

（2）初洗：将要搓洗的衣物浸湿，在洗衣盆中进行简单的揉搓。

（3）浸泡：在洗衣盆中加入衣物洗涤剂浸泡大约 10 min，以方便后面搓洗。

（4）搓洗：将浸湿的衣物放到搓衣板上，使劲搓揉，并不停地用水清洗产生的泡沫。在衣物上放上衣物洗涤剂，分成几部分在搓衣板上逐步搓洗。

（5）冲洗：洗好的衣物要用清水多冲洗几遍，每次冲洗后将衣物中的水拧干。

（6）晾晒：将拧干的衣物晾出去。

【搓衣板洗衣物的评价标准】

（1）所洗的衣物适合用搓衣板洗。

（2）合理使用相关资源。比如，洗衣粉或肥皂用量适当，在洗衣物的过程中不浪费水。

（3）能反复搓洗衣物脏的部分，直至搓洗干净，如衣领、袖口及其他沾有污渍的地方等。

（4）漂洗衣物每次能拧干。

（5）衣物洗干净后，能将洗衣盆的周围收拾干净。

【搓衣板洗衣物的技巧】

（1）搓衣板一般适合洗贴身衣物和小件衣物。太轻柔的材质，比如蚕丝等材质，不适合用搓衣板洗。

（2）用搓衣板洗衣物时要有一定倾斜度。把搓衣板放在盆里，有齿的一面朝上，搓衣板的一头放在盆的边缘上，另一头自然地抵住盆底，这样搓衣板就会有一定的倾斜度，方便之后搓洗。

（3）搓衣板的使用姿势。可以用腰抵住搓衣板，两只手一起搓衣物；也可以一只手将衣物固定在搓衣板上，另一只手按住衣物脏的部分反复搓洗。

【搓衣板洗衣物的注意事项】

（1）洗之前要掏干净兜里的东西，千万不能马虎。注意参照衣物的洗涤标识进行洗涤。洗涤剂要适量加，过多或者过少都不能达到很好的去污效果。用温水融化洗衣粉，有助于去除衣物上的污渍。

（2）晾晒时要展平。晾晒带色的或印花的衣物要反过来晾，以免暴晒褪色。丝绸或人造纤维衣料不能拧，可用手轻轻挤压，挂起来晾干。白色的衣物可直接在阳光下晒干；化纤衣物要在通风处晾干。

（3）衣物要分类洗。白颜色的衣物不能和其他颜色的衣物放在一起洗。外穿的衣物、内衣裤、袜子要分开洗；洗涤贴身衣物时重点洗衣物的贴身面。

（4）洗衣时要注意衣领和袖口处，那里是最容易脏的地方。在用肥皂和洗衣粉清洗时，可以在水里放些食盐，以免衣物褪色，同时去除衣物上的汗渍。

任务五：洗衣机的使用

【洗衣机的使用程序】

（1）接通电源：在接通电源时要保持插头与手的干燥，以防止触电。

（2）放入衣物：将要洗涤的衣物放入洗衣机。

（3）放洗涤剂：根据洗涤衣物的多少，放入适量的洗衣粉或洗衣液。

（4）选好程序：一般洗衣机配备针对不同面料所设定的不同洗涤程序，其中最常见的包括棉麻、强力洗、化纤、牛仔等。

（5）打开水源：洗衣机的水源平常是关闭的，使用时要检查与之连接的自来水是否打开，排水管是否连接好。

（6）启动机器：按开始键启动洗衣机。

（7）洗后晾晒：衣物洗完后及时晾晒；洗衣后要将洗衣机盖门打开，通风。

（8）归位整理：洗衣机洗好后，别忘了关掉水源、拔掉电源，关上洗衣机的盖门。

【使用洗衣机的评价标准】

（1）注意安全，能正确接通电源。

（2）能正确判断衣物是否适合用洗衣机洗涤。

（3）能根据衣物颜色进行分类洗涤。

（4）能根据衣物多少放入适量的洗衣液。

（5）能根据衣物的面料选择合适的洗涤程序。

（6）衣物洗完后及时晾晒。

（7）衣物洗好后能及时关掉水源、拔掉电源，关上洗衣机的盖门。

【使用洗衣机的技巧】

（1）暂时不洗的衣物不要放入洗衣机。

（2）把衣物放入洗衣机前要注意以下几点：检查衣物是否适合洗衣机洗涤；将衣物进行分类后再放入洗衣机；将分类好的衣物按照洗衣机的容量，适量放入洗衣机；取出口袋或衣物上的异物，以免洗衣时损坏衣物或洗衣机；带有长带子的衣物要将长带子打结，有拉链的衣物要拉上拉链。

（3）洗衣粉或洗衣液要适量放。一般洗衣粉或洗衣液的包装袋外面有用量说明，在添加洗衣粉或洗衣液时可参照。

（4）衣物洗完后及时晾晒。洗完的衣物如果超过半小时没有晾晒就得重新洗了。

（5）内衣最好手洗。

（6）定期对洗衣机进行消毒，及时清洗滤网。

任务六：扫地

【扫地的程序】

（1）认识扫地工具。

①高粱扫帚：枝条密集，环保性强。

②塑料扫帚：整齐耐磨，清洗方便。

③竹扫帚：间隙大，耐用，环保。

④猪鬃扫帚：细软，不损伤地板。

⑤棕扫帚：美观、耐用、环保。

（2）选择扫地工具：对于不同的地面，该选择哪一种扫帚呢？

（3）学会正确的拿扫帚的方法，拿扫帚的时候要一手上、一手下，扫帚微微往内斜，紧紧贴住地面。

（4）扫地方法。

①正确的扫地方法：顺着一个方向轻轻扫。

②打扫教室的方法：教室里到处都是凳子，不方便打扫，注意将凳子翻过来，轻轻放在桌子上。打扫角落缝隙处时要看仔细，多扫扫。

③簸箕的使用方法：簸箕后端稍稍往上抬。

④扫地口诀：扫帚要握好，地面有序扫，凳子轻轻放，角落仔细搞，共同把地扫。

【扫地的评价标准】

（1）握扫帚姿势是否正确。

（2）扫地方法是否正确。

（3）清扫后地面是否整洁，特别是角落、桌脚处是否整洁。

（4）打扫后教室桌椅是否摆放整齐。

【扫地的技巧】

（1）注意扫地的方向：扫地时从屋子的里面向外面扫，从角落往中间扫，这样能够不留死角。

（2）注意扫地的力度：扫地时不必用太大的力气，因为扫地主要是扫地面的一些杂物、碎屑，而且扫帚的丝柔软，用力大反而不好用。

（3）扫地的动作：使用扫帚时扫帚要尽量贴近地面，不要甩着扫帚扫地，甩一下扫一下会导致尘土飞扬，杂物也会被甩出去很远。屋子面积大的话，要扫一堆用簸箕撮一堆，以免用笤帚一直推着大堆的杂物走。

（4）灰尘特别多的地面需要洒水，以免扬起灰尘。

（5）有人路过时先停止打扫。

任务七：拖地

【拖地的程序】

（1）认识拖把。

拖把杆

拖把头

（2）学习横拖和竖拖。

①握拖把的正确姿势：一手握住拖把杆中部，另一手握住拖把杆上部，两手相对。

②学习横拖和竖拖两种拖地方法，仔细观察并总结：横拖是左右推移，竖拖是前后推移。

（3）选择一种适合自己的方式来拖地。

手臂力量比较大的，适合横拖；手劲小的，适合竖拖，但是在拖地的过程中不能一会儿横拖，一会儿竖拖。

（4）拖地的几个步骤：清扫地面、使用拖把、有序拖地、清洗拖把。

【拖地的评价标准】

（1）握拖把的姿势是否正确。

（2）拖地的步骤和方法是否正确。

（3）拖好的地面是否干净、没有印记，地面是否看起来光滑。

【拖地的方法】

（1）用扫帚和簸箕把地板上的非粘连垃圾及灰尘清理干净。比如，头发等遇水会粘在地板上，之后就很难拖除了。

（2）把拖把放在水桶或水池中，让拖把充分吸水，将拖把拧至稍稍滴水，然后用拖把一推一收地拖地。这样做的原因在于，稍稍滴水的拖把水分充足，这样拖地时，水可以把粘连的物质黏性降低。

（3）把拖把涮干净，然后用力挤尽拖把里的水，再拖一遍地，这次直接收着拖。在完成先前的准备工作的情况下，粘连性垃圾很容易被拖掉。

（4）有一些粘连性物质很难去除，可以用拖把头侧面进行一推一收的拖。这样拖把头侧面可以更加有力地拖除顽固污渍。

（5）将干净抹布弄湿，并拧干，然后将屋里地板上没法拖到的角角落落擦干净。

（6）检查一下，将地板上的一些遗留的小东西拖掉。

【拖地的技巧】

（1）杀菌，提高效率。可以在清水中加入小苏打和白醋，两者都具有很好的杀菌消毒作用，小苏打和白醋制成的清洁剂可以使拖地的效果更佳。

（2）快速变干，防滑。刚拖完的地板不容易变干，踩上去会留下脚印，一不小心还会滑倒。解决这个问题，可以用食盐水涮过的拖把再拖一遍。食盐水能快速挥发，还能杀菌消毒，用这种方法拖完后只需等待几分钟，地板就能变干。

（3）不落灰。一般情况下，拖地时会有静电产生，毛发会跟着拖把走，拖过之后又会被留下，所以地板很快就会变脏。为解决这个问题，可以在水中加入柔顺剂和护发素。这样做能有效减少摩擦，也会在地板上形成一层保护膜，避免落灰。

任务八：擦桌子

【擦桌子的程序】

（1）准备工具：抹布、水盆和水。

（2）整理桌面，浸湿抹布。

（3）拧干抹布：先对折一下抹布，然后两手反方向用力拧，直到抹布不滴水。

（4）擦桌面：擦桌面的时候，可以从上往下或者从左往右来擦，这样擦得又快又干净。

（5）擦桌子的其他部位：擦桌子的时候可以从上往下擦，这样就不会遗漏任何部位；在擦桌子不同的部位时，可以以不同的方法进行擦拭。桌面和桌肚四四方方、面积较大，可以从上往下或从左往右擦；桌脚和桌边是瘦瘦长长的，可以用抹布包着擦。

【擦桌子的评价标准】

（1）桌面是否有水渍、污迹、灰尘。

（2）边角缝隙是否擦干净。

【擦桌子的技巧】

（1）剩下的茶叶水别倒，可以用来擦桌子，这样不但可以减少水的浪费，而且效果非常好。

（2）橘子皮加水，用火煮开后放凉，把干净的布在水里浸湿后拧干，用来擦桌子，可将桌子擦得又干净，表面又光亮。

（3）先将抹布在兑了洗洁精的水里浸湿，然后拧干，擦桌子，将其用清水洗干净后拧干，再擦一遍，这样擦两遍，桌子立马干净无油，同时擦桌布也会很好清洗。

任务九：展示、评价、反思

"劳动清洁小达人"总结评价表

评价内容	3	2	1	自 评	互 评	师 评
研究计划	制定较为合理的研究计划	有研究计划但很难实践	研究计划简单粗糙			
过程记录	能用多种方法观察、记录、整理信息，并对信息进行分析和总结	持续记录，并用图标等作比对	有简单记录，形式较为单一			
研究报告	报告严谨认真，项目丰富，内容真实详细	项目完整，结果真实可信	研究报告较为简略			
倾听尊重	与同伴进行良好的交流，倾听他人意见并表示尊重	能与同伴进行交流，但不愿意改变自己的想法	不与同伴交流，不接纳他人意见			
坚持毅力	面对失败坚持不懈，不断尝试，直到找到解决办法	能不断调整自己的想法，但没有找到最终的解决方案，放弃尝试	面对一两次失败便放弃，不肯尝试			
劳动成果	呈现方式多样，清晰具体，便于他人理解	能够用图文结合的方式呈现，但是较为简单，他人获得的信息量有限	呈现方式单一，只有绘图或文字，成果潦草			

评价内容	3	2	1	自 评	互 评	师 评
展示分享	汇报展示方式多样，能完整表述项目流程，逻辑性强，展示方式新颖	汇报详细，流程表达较为清晰	汇报展示方式单一，表述不清晰			
自我评价						

评价指标

"卫生清洁小达人"素养评价表

本项目评价主体为学生本人、其他学生、教师和家长，评价时可依据下表评价指标进行评价。

核心素养	一级指标	二级指标	表现标准	评价等级
劳动观念	明确劳动概念	在社会实践中对于劳动的认识	认识到人们的生活需要卫生清洁	☆☆☆☆☆
		在个体认知中对于劳动的认识	感受到卫生清洁劳动的价值	☆☆☆☆☆
	学会尊重劳动	对于身边劳动者的态度	尊重自己和父母的劳动	☆☆☆☆☆
		对于所获得的劳动成果的态度	能维护卫生清洁劳动成果	☆☆☆☆☆

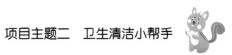

续 表

核心素养	一级指标	二级指标	表现标准	评价等级
劳动能力	实践操作	实践过程	掌握常见物品的清洁程序	☆☆☆☆☆
		习得方法	掌握常见物品清洁的基本技能和要领	☆☆☆☆☆
		学习时长	能够反复练习这些劳动技能并熟练掌握	☆☆☆☆☆
	实践技能运用	学会运用	1.能够根据家庭实际需要，掌握卫生清洁中所需要用到的相关工具（去皮刀、搓衣板等）的正确使用方法并进行技能练习，在劳动中体验探究性学习的完整过程 2.收集资料时遵循准确性、全面性、时效性原则，具备信息甄别的能力，能根据衣料情况判断是用搓衣板洗还是用洗衣机洗，能根据衣物的颜色、面料等选择合适的洗涤用品的用量和洗涤程序，最后晾晒衣物和晾干洗衣机 3.能发现问题、提出问题，尝试解决问题	☆☆☆☆☆
	技能掌握	掌握知识	能够根据需要完成任务，并且熟练掌握技能	☆☆☆☆☆
		学习优化	能通过练习和实践发现要领和难点，找到比较优化的实践方法，并展示劳动成果	☆☆☆☆☆

核心素养	一级指标	二级指标	表现标准	评价等级
劳动精神	在劳动过程中领悟劳动精神	虚心学习	能在做卫生清洁时不怕苦、不怕累，具有奉献精神	☆☆☆☆☆
		一丝不苟	能够细致、认真地进行卫生清洁劳动	☆☆☆☆☆
	体会劳动过程的独特意义	正直节俭	能合理使用卫生清洁中所需要用到的洗涤剂、水、电等，不浪费资源	☆☆☆☆☆
		坚持创新	在劳动中能举一反三，能学会更多卫生清洁的方法和相关工具的使用方法，从而解决更多问题	☆☆☆☆☆
劳动习惯和品质	养成良好的劳动习惯	自觉主动	能够主动参加卫生清洁方面的劳动，愿意为自己和他人服务	☆☆☆☆☆
		持之以恒	能较为长期地帮助父母打扫卫生	☆☆☆☆☆
	培养良好的劳动品质	乐此不疲	卫生清洁时能注意相关刀具、电器等的安全使用，能规范、安全、有效地进行相关卫生清洁方面的劳动	☆☆☆☆☆
		全心全意	卫生清洁劳动能够有始有终，劳动结束后能将水槽、地面等清理干净，养成自觉维护劳动成果的好习惯	☆☆☆☆☆

本主题设计案例由武汉市光谷第十二小学黄海燕、朱毅聘撰稿。

项目主题三　养蚕知识人人学

项目推荐

由于蚕的生命蜕变在自然界的生物中具有独特性和典型性，因此从独特、方便、卫生、无害、安全等各个方面来看，其作为教学对象和观察对象，都是极佳的选择。

本项目是二年级上学期的课程内容，属于生产劳动范畴，要求学生在了解蚕宝宝生活习性、成长特点的基础上，在家中饲养蚕宝宝，记录并解决蚕宝宝成长中遇到的各种问题，观察蚕的生长过程，开展以"养蚕、观蚕"为主题的活动。养蚕活动具有可操作性强、对养蚕设施硬件要求不高、技术要领只要认真学习就能很好把握、普及范围较广等特点，方便每个学生参与。

项目背景

"科学养蚕体验实践活动"是我校根据《科学（3～6年级）课程标准》"生命世界"里的"常见的动物""动植物的一生"等内容标准进行规划设计并广泛开展的。活动全程依据国家《基础教育课程改革纲要（试行）》和《科学（3～6年级）课程标准》，以国家教育方针、科学传播基本理论为指导，以培养全体学生科学精神和综合素质为目标，努力把科学传播教育与孩子的实际生活紧密联系起来。在"科学养蚕体验实践活动"这一科普平台上，教师通过设计精彩的活动与指导学生，激发学生学习科学知识的兴趣。学校以更加贴近学生生活的形式传播科学知识，有利于学生的技能发展与素质提高，有利于社会、家庭、学校诸多教育资源的整合与利用，从而达到探索科学、学习知识、关爱生命、学会合作、学会奉献的目的。

项目目标

小学生要有充足的准备，才能把蚕养好。因此，该项目要求学生认识蚕的生命周期，并在此基础上建立动物的生命周期模型，通过亲自饲养，观察蚕的一生生长变化。

认知目标

（1）积极运用各种渠道了解养蚕知识，知道蚕卵是蚕生命的开始，能日常观察、记录，发现蚕卵能孵出蚁蚕，能观察蚕卵和蚁蚕的外形特征，并能把它们画下来，了解饲养蚕宝宝的注意事项。

（2）在长期养护管理体验中，了解蚕繁殖后代的方式及生活习性并自觉加以保护，掌握蚕卵是如何生长变化的。

行为目标

（1）对科学饲养感兴趣，主动学习养护蚕宝宝的技能，培养小学生精心呵护小动物的爱心。

（2）从多方位、多角度对自身的认识进行反思，并与同伴交流、讨论自己的收获、疑问、感受。

（3）学生通过观察蚕生长的过程，了解孵化蚕卵、蚕的生长变化、蚕蛹变成了什么、蚕的生命周期、蚕的生活环境以及蚕吐丝的作用等内容。

（4）学会写观后感、日记，给学生创造与自然接触的机会，激发学生热爱自然的情感。

情意目标

（1）能够深切体会到生命的重要性，感受一个小小的生命努力成长的动人过程，体验亲力亲为带来的乐趣和作为小小饲养员，创造价值的幸福感。

（2）感受成功的喜悦，能在养蚕过程中找到人生的真谛，学会关心、合作、思考、沟通、负责、做人。从珍爱小生命到珍爱大自然,再到珍爱自己和他人的生命,在这一活动中让心灵和品格得到锻炼,让知识和行动融会贯通。

（3）在交流汇报中,互相交流彼此的经验,认真思考和总结自己的收获、有哪些印象深刻的瞬间,增强饲养小动物的责任感和关爱小动物的意识。

（4）通过采摘桑叶,亲手制作蚕宝宝窝,将对蚕宝宝的真切关怀传递给它,同时通过关爱蚕宝宝感受到父亲和母亲对自己无私的爱。

（5）观察生命的生长变化,感受生命的可爱和可贵,强化学生的责任感,让学生懂得珍爱生命。

（6）在生活中运用课本知识,能较好地培养自主动手能力和科学精神。

项目规划

活动流程	课程内容	活动方式	课时及场地	活动目标
明确过程	1. 创设情境:观看养蚕的视频并交流养蚕的好处有哪些 2. 蚕丝制品知多少 3. 揭示主题,开展"饲养和观察蚕"的活动,体验养护小动物 4. 梳理任务:确定自己要养护的小动物;确定养护过程中需要做哪些工作,如喂食、清理卫生等 5. 如何成为合格的饲养员:了解小动物的习性,学会饲养方法 6. 拓展延伸:中国养蚕历史故事大比拼	观察挑选比拼	1课时 教室	认知目标（1） 情意目标（2）
学习步骤	1. 了解蚕宝宝的生活习性,学会养蚕知识和养蚕技巧（可通过请教家长或其他有饲养经验的人,查看专业书籍,网络查询等方式来学习） 2. 结合实际情况交流收集到的有关小动物的知识及其饲养的正确方法	查找资料访谈	2课时	认知目标（2） 行为目标（1）

续　表

活动流程	课程内容	活动方式	课时及场地	活动目标
深入实践	亲自采摘新鲜桑叶喂蚕宝宝	策划喂养		行为目标（1）情意目标（1）（4）
学会反思	1. 写观察日记 2. 制作观察记录表并记录 3. 记录收获感悟 4. 整理照片、视频 5. 总结评价	交流反思展示	2课时教室	行为目标（2）情意目标（2）（3）

具体步骤（方法）

工具 / 原料

【人员准备】

对养蚕感兴趣的小学生、经验丰富的养蚕指导老师。

【材料准备】

（1）健康的蚕宝宝（蚕种）。

（2）蚕室：小蚕室需要 2 m²；面积较大的蚕室，如采用地面育需要 24 m²，如采用蚕匾育需要 12 m²，专用贮叶室要 5～6 m²。

（3）蚕具：养蚕所用器具包括蚕网、采桑箩、尼龙膜、温湿度计、喷雾器、蚕筷、鹅毛、切桑刀等。养一张蚕种，地面育需备蚕匾 7 张（80 cm×100 cm），薄膜 7 张（80 cm×100 cm）、小蚕网 14 张、格子簇 200 个。

（4）纸盒子或者无毒的塑料盒。

（5）桑叶。

（6）纸垫。

（7）盖子。

具体流程

小学生养蚕，对中华民族劳动精神的传承和发扬意义重大，对学生珍爱生命意识的培养也大有裨益。

（1）养蚕可用纸盒，也可用无毒塑料盒。可在盒内垫些纸片，将蚕卵放入盒内，等待孵化。温度在 25 ～ 28 ℃时最适宜蚕卵孵化，温度低时可加盖。

（2）幼蚕刚孵出时，因其与蚂蚁有点相似，故称蚁蚕。对于刚孵化出来的蚁蚕，要格外小心呵护，喂它们的桑叶也要相对嫩一些。同时，用来喂蚕的桑叶要新鲜，也可以一次收集一个塑料袋的桑叶，每天分次喂它们几个，剩下的洒上一些水，放在冰箱里保存起来。采下的叶片会有一些灰尘，因此必须洗净后晾晒，否则小蚕或大蚕吃了会腹泻。

（3）蚕就眠时不吃不动，表面上是睡觉，实际上是把旧的皮去掉，换上新的皮。蚕宝宝在整个饲养过程中要进行 4 次蜕皮，每次蜕皮都是不吃不动的，这个时候尽量不要干扰它，更不要以为它生病了，就把它丢掉了。蚕每次眠期大概持续一天的时间。

（4）蚕一般在 25 d 左右开始结茧。当蚕宝宝背脊亮晶晶、黄澄澄的时候，它就要吐丝结茧了，这时候要给蚕宝宝提供一个可以起茧的十字空间。蚕宝宝要在茧中完成最后一次蜕皮，变成蛹，这一过程需要两天的时间。破茧后不久雌雄蚕蛾进行交尾，经过 4 ～ 5 h 的交尾，雌蛾可以产下 400 粒卵，然后慢慢死亡。

养蚕一定要"因地而养"。养蚕对于农村孩子来说是一件很容易的事情，因为农村的孩子大部分很容易就可以找到桑叶，而且他们的爷爷奶奶大部分也是在农村出生的，这些人曾经养过蚕，农村的孩子可以直接从他们那里学习如何养蚕。但是，养蚕对于城市里的孩子来说并不是一件容易的事情，因为他们可能会遇到桑叶难寻的问题。学校不一定要让每个孩子都养蚕，建议以班级为单位养蚕，或者每个班级分小组养蚕，让大家轮流带桑叶，这样就不会出现"桑叶荒"愁坏父母的情况了。虽然养其他动物可能没有养蚕那么方便，用的时间也比较长，但根据小学生自己的爱好，也可以养一些其他动物来观察"动物的生命周期"。

从这一点可以知道，小学生要养好蚕，除了要经验丰富外，桑叶也要够。

为此，针对十二小儿童的实际情况，本书建议一方面别轻易砍掉桑树，另一方面学校为了方便学生养蚕，满足学生养蚕的需要，可以想办法在校园内多栽一些桑树。

关于蚕的生长特点

蚕又称"桑蚕"，分布范围广，在全国很多地方都有，属于经济动物。蚕也是家庭宠物虫的一种，特别受孩子的喜爱。家蚕幼虫体长 50 mm 左右。卵初孵出时极小，体表有黑毛，在家庭中一般放入纸盒，以细嫩的桑叶饲养；稍长蜕皮后黑毛皮变灰，可用新鲜、擦净、切细的桑叶饲喂，初施细桑，叶量渐增，每日分 3～4 次施桑叶。蚕蜕皮到第 4 次以后进入 5 龄，逐渐开始抽丝结茧，经过 5～6 d 在茧中化蛹，收茧。茧有白黄绿三色之分。整个饲育期根据气温的不同而不同，一般在 45 d 左右。蚕蛹变成蛾约 2 周后破茧而出，雌雄蚕蛾交尾后产卵。到四月下旬，早桑初开，取出卵，待春雷响时，将蚕孵出，重新开始饲养。

通过让孩子在养蚕过程中观察蚕的成长过程和形态变化，可以让孩子获得有趣的体验，学会尊重生命，珍爱生命。

任务规程

任务一：蚕丝制品知多少

（1）搜集用蚕丝制作的物品。

（2）找一找家中的蚕丝制品，摸一摸。

（3）学会辨认不同的蚕丝制品。

任务二：中国养蚕历史故事大比拼

我国是世界上最早养蚕、种桑、纺织的国家。一直到汉朝，中国都是世界上唯一生产丝绸的国家。

夏代以前已存在蚕的家养，人们从桑树害虫中培育出蚕，从而创造了养蚕技术。

商代有女蚕，为典蚕官。甲骨卜辞中祭蚕神与上甲微，极其敬重蚕事。当时有四种蚕：杯蚕（臭椿蚕）、棘蚕、栗蚕、蚊蚕。野蚕、家蚕都是多化性，逐渐向以三眠蚕为主的二化性、一化性演变。

周代有亲蚕制度，天子诸侯都有公桑蚕室，当时的人们对蚕的生长形态有一定的了解，如浴种、出蚁、蚕眠、化蛹、结茧、化蛾。有对养蚕工具曲（箔）、植（蚕架）、篮（蚕匾）、蓬（芦席）等的记载。

西周至春秋时期以养一化性蚕（春蚕）为主，夏蚕（原蚕）禁养，一年只养一茬，以免过度采伐桑叶，损害桑树生长。

周代养蚕之法更为成熟，将白蒿熬汁，用来浸泡蚕种，以利养蚕。蚕室要注意排水、干燥，同时要注意调节温度。

战国时期对蚕的习性认识加深，认识到蚕无雌雄，蛾有雌雄，怕高温，喜欢有一定的湿度的环境。

秦汉以来，对野蚕会继续收集利用。

魏晋南北朝选种、制种工艺有了很大进步，已发明低温控制家蚕制种孵化时间的方法。在饲养过程中，已注意到桑、火、冷、热、干、湿等因素对桑蚕生长的生态影响。蚕茧处理有日曝法和盐泡法两种方法，而蚕茧则多以盐泡法处理。

唐代养蚕基本采用前代旧法，但都是饲养以三眠蚕、四眠蚕为主的多化性蚕。

宋代蚕事趋于完善，生产过程分为浴蚕、下蚕、喂蚕、一眠、二眠、三眠、分箔、采桑、大起、捉绩、上蔟、炙箔、下蔟、择茧、窖茧等。

元朝对养蚕要求更加严格，注意多化性蚕的饲育，适当控制夏秋蚕的数量。可将元代养蚕经验概括为"十体、三光、八宜、三稀、五广"。

明代十分重视蚕种的选择和品种的改良，浴种时用石灰水、盐卤水等方法留取好种，淘汰低劣蚕卵。明代人们最早发现了杂交蚕种的优势并加以利用，以"早雄配晚雌幻佳种"。浙江嘉湖地区总结了用火加热烘干使茧质解舒率均有所提高的方法。江南水乡利用池塘养鱼养畜，结合水肥种桑养蚕。同时，采取隔离淘汰等措施，防止蚕脓病、软化病等传染蔓延。

　　清代江苏、浙江、四川、湖南、湖北、广东、贵州等地都有适合当地生态条件的蚕种，其中浙江余杭、新昌、萧山等地的优良品种更是闻名遐迩，后来这些地区成为现代蚕种的生产制造基地。

任务三：养蚕从产卵开始

（1）观察蚕在孵化过程中颜色的变化。

（2）观察刚出生的蚕颜色、形态等特征。

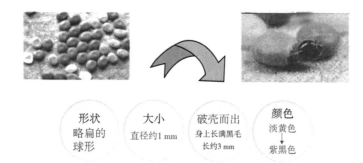

（3）蚕的一生经历了四个阶段：蚕卵、幼虫、蚕蛹、蛾。

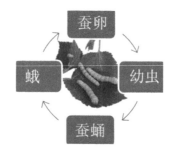

任务四：了解蚕宝宝的生活习性

（1）了解蚕宝宝生活的环境。

（2）了解蚕宝宝的饮食。

（3）做好观察记录，学会及时总结。

【注意事项】

（1）小心喂养蚕宝宝，别弄伤蚕宝宝。

（2）蚕宝宝的食物要仔细选择、食物的量要适中。

蚕宝宝所处的环境要阴暗、通风、干燥，温度维持在 20～30 ℃之间。

蚕宝宝最爱吃新鲜的桑叶，蚁蚕要吃嫩叶，而且要把桑叶切得很碎。

任务五：观察蜕皮过程

（1）观察蚁蚕到二龄蚕蜕皮的过程。

（2）观察蚕宝宝从二龄蚕到三龄蚕蜕皮的过程，观察这个阶段蚕宝宝身体的颜色、体型发生了哪些变化。

（3）观察蚕宝宝从三龄蚕到四龄蚕蜕皮的过程，并做好观察记录。

（4）观察蚕宝宝从四龄蚕到五龄蚕蜕皮的过程，重点观察蚕宝宝身体的颜色、体型、食量变化。

【注意事项】

观察蚕宝宝的蜕皮过程，小组合作，做好观察记录。

蜕皮过程观察记录表			
蜕皮过程	食量	颜色	体型
从蚁蚕到二龄蚕			
从二龄蚕到三龄蚕			
从三龄蚕到四龄蚕			
从四龄蚕到五龄蚕			

任务六：描述蚕的蜕皮过程

（1）观察每个阶段蚕的蜕皮过程，在观察的基础上描述蚕的蜕皮过程。

（2）做好观察记录。

（3）认真进行对比分析。

【注意事项】

（1）在养护过程中，了解蚕宝宝蜕皮的过程，对蚕宝宝的蜕皮过程、蜕皮现象等都要进行详细的了解。

（2）做好定期观察。

蜕皮现象观察记录表	
蜕皮照片	蜕皮现象（姿势、食量、体型大小、休眠次数、蜕皮次数等）

蚕眠的标准姿势：蚕的头部高高仰起，不吃不动，好像睡着一样。

（1）蚕蜕皮时会如下图所示，头部的角质层会先脱落，然后身体蠕动，其他部分的旧皮向后褪去。

（2）蚕第一次蜕皮后，还要蜕皮三次，每隔六七天就蜕皮一次，在蚕的生长过程中，蚕在结茧前共眠了四次。

下图是每个阶段的蜕皮过程。

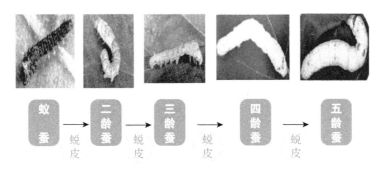

蚁蚕 → 二龄蚕 → 三龄蚕 → 四龄蚕 → 五龄蚕
　蜕皮　　蜕皮　　蜕皮　　蜕皮

蚕宝宝蜕皮前不吃不动，每蜕皮一次食量都会增加，体型也会变得越来越大、越来越长。

任务七：分析幼虫时期的体长变化表

观察幼虫时期的体长变化表，学会对幼虫各阶段的体长变化进行分析，做到心中有数。

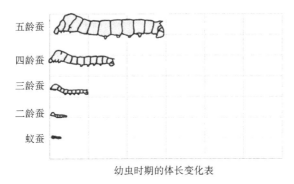

幼虫时期的体长变化表

从以上这个表中你发现了什么？

参考答案：

蚕宝宝的体型日益增长，日渐肥硕。

任务八：绘制并认识蚕的身体结构

（1）观察并画一画。

（2）观察蚕宝宝的身体构造，把它们的形态简单地画出来。

（3）认识一下蚕宝宝的外形特征。

【注意事项】

（1）在观察的过程中注意画出蚕宝宝的身体结构。

（2）学会辨认蚕宝宝的身体结构。

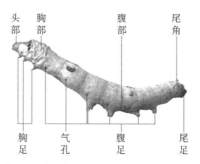

通过观察、交流、学习，知道蚕有头部、胸部、胸足、腹部、气孔、腹足、尾角和尾足。

任务九：观察蚕结茧、吐丝

（1）观察蚕结茧的过程，观察蚕的身体会发生哪些变化。

（2）观察蚕结茧的过程：寻找结茧场所，开始吐丝，完成吐丝，结茧。

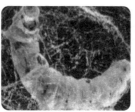
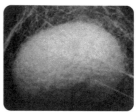

蚕在吐丝前，不再进食，身体也会变短。蚕喜欢将蚕丝吐在小格子里或墙角。

任务十：观察蛹、蛾的外形特征

（1）根据教师提供的蛹和蛾，描述外形特征。

（2）学会总结蚕宝宝一生的变化。

观察蛹的外形特征
1
2
3

参考答案：

特征一：蚕蛹虫体卵圆形，1节。

特征二：一端较粗，一端较尖。

特征三：较粗的一端是头部，外皮褐色，很硬。

观察蛾的外形特征
1
2
3

参考答案：

蚕蛾为白色，身体分为头、胸、腹三个部分，头上有一对羽状触须，腹部相对较大。

任务十一：绘制蚕的生命周期图

（1）学生观察、记录蚕的成长过程，绘制蚕的生命周期图。

（2）小组合作、分享、交流并进行展示。

（3）根据对蚕的一生的观察，写一篇观察日记。

【注意事项】

根据蚕的一生，绘制蚕的生命周期图，记录蚕成长的各个阶段的变化。

任务十二：我们来抽丝

把蚕茧表面的乱丝剥掉，把蚕茧放于水中浸泡，用刷子搅动，找到蚕丝的头，把蚕丝缠绕在线板上。

【注意事项】

（1）小心剥丝过程中出现工具性损伤。

（2）剥丝过程中注意安全，不得食用。

评价指标

本项目评价主体为学生本人、其他学生、教师和家长，可依据下表评价指标进行评价。

核心素养	一级指标	二级指标	表现标准	评价等级
劳动观念	明确劳动概念	在社会实践中对于劳动的认识	认识蚕宝宝、认识蚕宝宝的生活习性、认识蚕宝宝的社会价值	☆☆☆☆☆
		在个体认知中对于劳动的认识	感受饲养员的辛苦和喜悦，增强责任心	☆☆☆☆☆
	学会尊重劳动	对于身边劳动者的态度	尊重自己和他人的劳动，感受蚕宝宝一生的不易与养蚕人的辛苦	☆☆☆☆☆
		对于所获得的劳动成果的态度	能学会养蚕的技能、爱护小动物	☆☆☆☆☆
劳动能力	实践操作	实践思路	1.了解蚕宝宝的生活习性，学会养蚕知识和养蚕技巧 2.结合实际情况交流收集到的有关小动物的知识及其饲养的正确方法	☆☆☆☆☆
		习得方法	掌握养蚕宝宝的基本技法和要领	☆☆☆☆☆
	实践技能	学习时长	能够在家庭中、学校里反复练习这些劳动技能并熟练掌握	☆☆☆☆☆

续　表

核心素养	一级指标	二级指标	表现标准	评价等级
劳动精神	在劳动过程中领悟劳动精神	勇于探索	积极面对困难，探索解决之道	☆☆☆☆☆
		一丝不苟	能够细致、认真地进行蚕宝宝的养育	☆☆☆☆☆
	体会劳动过程的独特意义	正直节俭	在进行蚕宝宝养育过程中节约材料	☆☆☆☆☆
		坚持创新	在劳动中能举一反三，学会更多观察蚕宝宝的方法，解决更多问题	☆☆☆☆☆
劳动习惯和品质	养成良好的劳动习惯	自觉主动	能用所学的养蚕知识和技能为他人排忧解难，乐于为班集体服务，为学校服务	☆☆☆☆☆
		持之以恒	直面失败，不轻言放弃，锲而不舍	☆☆☆☆☆

本主题设计案例由武汉市光谷第十二小学刘彩虹、吴冬霞撰稿。

项目主题四　可爱蚕宝变身记

项目推荐

　　本项目适合在二年级春季学期开展，因为经过前一项目的学习，学生对饲养蚕宝宝有着浓厚的兴趣，春季学期也是饲养春蚕的最佳时期。在饲养蚕宝宝的过程中，学生亲身参与孵化蚕卵、喂食桑叶、蚕房清洁等活动，陪伴蚕宝宝成长，并体验处理蚕茧的过程，了解制作蚕茧、蚕丝工艺品等一系列活动。在整个过程中，学生通过观察、记录蚕宝宝的成长，了解蚕的完整生命历程，体会到生命的珍贵。同时，通过将学到的知识运用到生活实践中，通过自己动手采摘桑叶、制作蚕房、解决在养蚕过程中出现的问题，提高动手能力和解决问题的能力。制作与蚕有关的工艺品，将项目活动融入生活，让学生了解不同的技艺和方法，激发学生了解工艺制作的兴趣，促进传统工艺的传承。

　　学生在这学期的劳动项目中，将体验养蚕人的工作，观摩和学习各种蚕茧、蚕丝工艺品的制作过程和原理，了解中国的传统技艺，体会劳动人民的伟大和不易，学习传统技艺传承人身上不懈钻研、尝试创新的精神。

项目目标

认知目标

　　（1）通过与养蚕相关的系列活动，知道蚕宝宝的养护方法，在家长的指导下正确饲养蚕宝宝。

　　（2）了解制作蚕房、蚕茧工艺品等所需要的基本材料和常用工具。

行为目标

（1）能运用文字和图画相结合的方法，绘制工艺品设计图，利用基本材料和常见工具，结合图纸，在成人指导下制作工艺品。

（2）学会借助书籍、网络等找到问题的解决方法，尝试独立解决问题或在家长的帮助下解决问题。

（3）学会正确使用剪刀、热熔胶枪、小刀、螺丝刀等基本工具，享受制作工艺品的乐趣。

（4）及时收纳、整理劳动工具，养成及时收纳、物归原处的好习惯。

情意目标

（1）通过饲养蚕宝宝，体会到生命来之不易，让学生意识到要爱护小动物，珍爱生命。

（2）在养蚕过程中能吃苦耐劳，不怕脏污、劳累，认真照顾蚕宝宝，能与同学合作，体会到协作的力量。

（3）提高对饲养活动的兴趣，乐于饲养小动物，与小动物和谐相处，并能坚持饲养，不抛弃、不放弃。

（4）在制作养蚕的绘本过程中，增强学生的成就感，让学生更愿意接触传统工艺制作，体会到剪、贴等传统工艺的奇妙之处。

任务规划

活动流程	课程内容	活动方式	课时及场地	活动目标
明确过程	1.创设情境：观看介绍养蚕的过程的视频，通过蚕的变化引起学生的兴趣 2.揭示主题，开展"可爱蚕宝变身记"的活动，体验养蚕的过程 交流：养蚕需要做哪些准备 3.梳理任务：明确养蚕的过程与方法 4.明确观察记录的内容，小组合作，分工完成养蚕记录表	观察挑选孵化	1课时 教室 1周 家里	认知目标（1） 情意目标（1）（2）（3）

续 表

活动流程	课程内容	活动方式	课时及场地	活动目标
学习步骤	1.通过请教他人、看书、网络查询学习养蚕的方法，能照顾好蚕宝宝 2.学会基础劳动工具的使用，如剪刀、小刀、粘贴工具等	查找资料访谈	2课时 教室 家里	认知目标（2） 行为目标（2）（3）
深入实践	1.体验养蚕的过程，与家人、同学合作，一起饲养蚕宝宝 2.制作观察记录表并记录 3.自己设计、建造精美的蚕房 4.整理养蚕记录，制作自己的养蚕绘本 5.学会制作蚕房、蚕丝工艺品	喂养设计制作	4课时 家里	行为目标（1） 情意目标（4）
学会反思	1.积极撰写观察日记，每隔3天记录一下自己在养蚕过程中遇到的问题、寻求了哪些帮助、是怎样解决的、有怎样的结果 2.每天如实填写观察记录表，记录蚕宝宝的各项身体变化 3.对照蚕房制作评价表，评价自己制作的蚕房，同时与同学互相评价，根据评价结果想一想自己的蚕房还可以在哪些方面改进，应该怎么改进 4.按时间顺序整理自己的照片、视频资料 5.对自己的劳动过程进行总结和评价，想一想，如果有人问怎样养蚕，能给他什么建议	交流反思展示	1课时 教室	行为目标（4） 情意目标(1)(2)(3)

任务规程

任务一：养蚕的准备（3月上旬）

【蚕卵的选择与孵化】

（1）选择蚕卵。刚产出的蚕卵为黄色或者淡黄色，然后颜色慢慢变深，最后变为紫色或者灰绿色。要选择颜色变深，饱满不干瘪的蚕卵进行孵化。

（2）孵化温度。温度为 24～25 ℃时最适宜蚕卵孵化，温度过低时，蚕卵会进入休眠状态，不会孵化；温度过高时，蚕卵容易萎缩死亡，不能孵化。

（3）其他条件。保持通风，不能放在密闭环境中；喷少量水，增加空气湿度，给蚕卵保湿。

（4）蚕卵经过两周左右的时间可孵化幼虫，学生饲养时要注意观察，及时将孵化出来的蚁蚕分离出来，放在干净的小盒子里。

【蚕卵孵化评价标准】

（1）会挑选成活率高的蚕卵。

（2）能创造适合蚕卵孵化的环境，包括适宜的温度、良好的通风条件和适宜的空气湿度。

（3）蚕卵孵化率高于 80%。

（4）能注意到蚕卵的细小变化并及时记录。

【蚕卵孵化技巧】

（1）蚕卵选择 15 颗左右即可，以免孵化的蚕宝宝太多，没有充足的地方和食物饲养。多余的蚕卵可以放在冰箱里冷藏，防止蚕宝宝在温暖的环境中孵化。

（2）春季学期3月份温度较低时，可以将蚕卵放在较为暖和的地方，使温度保持在25℃左右，帮助蚕卵孵化。

（3）要保持蚕卵湿润。可以将蚕卵放在一张白纸上，喷洒少量的水，保持白纸微微湿润即可。

（4）每天观察蚕卵，当蚕卵上出现青色小点时，要注意避光，将蚕卵从透光的地方转移到避光的地方，保持环境黑暗。两天后，再转移到有光的环境中。

（5）刚孵出的小蚕需要转移到小盒子里。可以拿出蚕喜欢的食物，盖在小蚕上，等小蚕爬上去，再把食物和小蚕一起放到小盒子里。

任务二：喂食、换食（3月中旬—3月下旬）

【选择蚕喜欢的食物】

蚕可以吃的食物有很多，如桑叶、蒲公英叶、莴苣叶、生菜叶、榆木叶等，但是蚕最喜欢吃哪一种呢？可通过以下方式试着找一找。

（1）寻找桑叶、蒲公英叶、莴苣叶、生菜叶、榆木叶5种叶子，选择嫩叶，分别放入5个相同的盒子里。

（2）选择25条蚕宝宝，随机分成5组，每组5条，放入5个盒子里。

（3）每小时观察一次蚕宝宝的状态和食物的变化，并用照片和文字的形式记录下来。

（4）8个小时后，观察蚕宝宝的状态和各种叶子食用情况，选出蚕宝宝最喜欢的食物。

【选择蚕喜欢的食物评价标准】

（1）能认真观察，如实记录蚕宝宝的状态。

（2）能运用多种方式（如文字记录、画画、拍照、拍视频等）记录实验过程。

（3）在实验过程中，小组成员分工合理，人人有事做，有担当，有责任心，做好自己的工作。

【喂养蚕的技巧】

（1）3—4月份，天气较冷，嫩桑叶没有长出来时，可以选择蒲公英叶、莴苣叶、生菜叶、榆木叶等喂养。

（2）蚁蚕体积很小，身体是黝黑色的，在喂桑叶的时候，最好是摘取柔嫩的桑叶，同时最好用剪刀剪开一小段，方便蚁蚕进食。

（3）蚁蚕稍微长大一点后，喂桑叶时不需要剪开桑叶，但还是以嫩叶为主，方便蚕宝宝进餐。由于桑叶较嫩，干得很快，要注意及时添加叶子。

（4）桑叶表面灰尘较多，需将其清洗干净后晾晒干或用毛巾将其仔细擦干后再喂养蚕宝宝。小蚕若是吃了沾水的桑叶，可能会生病、死亡。

（5）给蚕宝宝喂食生菜叶、莴苣叶等食物时，要把可能残留的农药洗干净，擦干水，不然蚕宝宝可能会生病。

【给蚕宝宝喂食的方法】

（1）选。选择健康、无病虫害的桑树。

（2）摘。摘取桑树上新长出来的、完好的嫩叶。

（3）洗。洗干净灰尘泥土。

（4）晾。晾干或擦干叶片上沾的水。

（5）喂。将处理好的叶片盖在小蚕身上，蚕宝宝会爬到桑叶上进食。

【喂食过程的评价标准】

（1）保证蚕宝宝有充足的食物。

（2）能判断桑树是否健康，是否无病虫害。

（3）采摘桑叶时没有伤害植株。

（4）能正确处理桑叶，清洗干净并晾干。

【采摘桑叶的注意事项】

（1）选择的桑树要大小适中，桑树如果太高大，嫩叶都长在树梢，不方便采摘；桑树如果太矮小，采摘桑叶可能会让桑树生病。

（2）采摘桑叶时，动作需要轻柔一点，不要做出折断枝条等伤害桑树的行为。

（3）如果桑树枝条太高，可以向家长寻求帮助。

（4）采摘嫩桑叶时，注意不要将一棵树上的嫩芽全部摘下，留下一部分嫩芽，桑树才能越长越好，以便给蚕宝宝提供更多食物。

（5）如果桑叶获得比较困难，可以在外面摘一些打包回来，然后洒点水装在冰箱里保鲜。这样就可以让蚕每天都有新鲜桑叶吃。

【清理蚕房的程序】

（1）准备一个空置容器，将蚕房内的蚕宝宝移至空容器中，丢掉食物残渣。

（2）将蚕房里的蚕沙清理干净，并铺上新鲜干净的食物。

（3）将蚕宝宝移至清理干净的蚕房中。

【蚕宝宝养护评价标准】

（1）能及时给蚕宝宝更换新鲜食物，找到蚕宝宝最喜爱的食物。

（2）能做到喂养蚕宝宝的食物干净、卫生、无水渍，注重蚕宝宝健康。

（3）能坚持每天清理蚕房，不怕脏、不怕累。

（4）能持之以恒地养护蚕宝宝，观察它的生长变化，做到不嫌弃、不抛弃。

【蚕宝宝养护技巧】

1. 卫生

（1）喂蚕前或除沙后必须洗手，保持干净整洁。

（2）及时更换干枯桑叶，定期清理蚕沙。

2. 健康

（1）若遇到蚕期重叠时，大小蚕需要分开饲养。

（2）避免经常用手触碰小蚕，因为人体温度太高，手心还有汗液，经常用手触碰小蚕会使小蚕生病。

（3）如果发现有蚕连续几日都是不进食的状态，而且还是集体性的，那么这时要留意两个问题，一个是桑叶的卫生情况，如是否冲洗干净、是否有农药等；另一个是桑叶是否没擦干，导致蚕宝宝生病。如果都没有，就需要考虑周围的环境是否太香、太潮湿、太干。

任务三：设计、制作蚕房（4月上旬—4月中旬）

【设计图的主要内容和要素】

（1）图画。画出蚕房的外观，包括外形和颜色。

（2）标注。在图画旁边标注大小尺寸、所用材料。

（3）蚕房名称。给自己的蚕房取一个有意义又好听的名字。

（4）设计理念。写下设计灵感和感想，向别人介绍这样设计蚕房的意义。

【绘制设计图初稿技巧】

（1）建造蚕房时可以选择方便易得的材料，如鞋盒、纸箱等，然后可以在原有材料基础上进行改造。可以用超轻黏土、彩色卡纸、彩色丝带等来装饰蚕房。

（2）如果将蚕房设计得很丰富，可以画出不同角度的蚕房，比如左视图、正视图，这样设计图在制作时更有参考意义。

【蚕房设计图二稿绘制】

制作者：×××

时　间：×××

材　料：木棍

选择此材料的理由：

环保，可二次利用

设计理念：

为蚕宝宝短暂的一生留下美好的回忆

作品名称：蚕宝之家

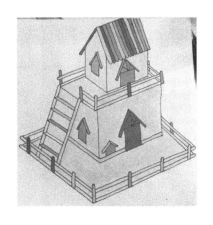

（1）展示。在班级里展示自己的蚕房设计图，介绍自己的设计意图及所用材料。

（2）互评。请同学做出评价，说一说自己认为好的地方，提出建议。

（3）自评。根据同学的评价，展示者说一说自己的想法和需要改进之处。

（4）改进。结合互评和自评的结果，修改初稿，绘制二稿。

蚕房设计方案（第一稿）

蚕房设计方案	
制作者	时间
设计理念	
准备的材料	
设计图第一稿	
可能遇到的问题及解决方法	

蚕房设计方案（第二稿）

蚕房设计方案	
制作者	时间
作品名称	
材料	
选择的理由	
设计图	
存在的问题	
设计图 修改与完善 （第二稿）	
想法	

【蚕房设计图二稿评价标准】

（1）能在初稿的基础上进行有意义的修改。

（2）能对制作蚕房起到参考作用，标注的尺寸合理、明确。

（3）设计图画面整洁、色彩丰富、主次分明、图文并茂。

（4）蚕房设计合理，能依据需要进行设计。

【制作蚕房的步骤】

（1）寻找材料。准备好设计图上标注的材料，材料要多准备一些。

（2）根据设计图处理材料。用剪刀、小刀等工具将材料裁切成设计图中标注的大小。

（3）材料拼接，建造蚕房。按照设计图将蚕房的各个部分拼接起来。

（4）美化蚕房。给蚕房上色，添加装饰物。

【建造蚕房评价标准】

（1）蚕房结构稳固，部件完整。

（2）能根据设计图建造蚕房，可以有一定优化与改进。

（3）熟练运用粘连工具，并能隐藏粘连痕迹。

（4）蚕房的外观有美化、有装饰、有设计。

【建造蚕房的技巧】

（1）按照从下到上、从内到外的方法建造。如果蚕房内部有装饰物，应先将内部装饰物固定好再进行搭建。

（2）白乳胶使用技巧。

①少量涂抹，涂抹太多会导致溢胶，粘接后不美观，也会增加等待的时间。

②白乳胶要涂抹在小粘接面上，方便定位。

③粘接后，将两个部分固定好，不要移动，等待几分钟，等白乳胶干透，这两个部分才能固定好。

④白乳胶适合粘接木料和纸质材料，环保、低气味。

（3）热熔胶使用技巧。

①将胶棒放入胶枪，通电后预热几分钟。

②用胶枪将热熔胶打在需要粘接的地方，等胶冷却变成固体。

③热熔胶枪温度高，使用期间注意安全，最好有成人陪同。

④热熔胶凝固速度快，所以粘接也要迅速。

⑤热熔胶可以粘接塑料、木材、金属、纸质材料等，粘接牢固，方便快捷，但胶痕明显，要注意隐藏。

【蚕房美化的技巧】

1. 遮盖原本的图案

（1）白纸遮盖。用固体胶或者白乳胶将 A4 纸粘贴在整个蚕房上，胶干透后即可进行下一步美化。注意：整个蚕房都需要覆盖粘贴，粘贴要美观，用胶要适量。

（2）颜料遮盖。运用遮盖力强的丙烯颜料或者乳胶漆，刷涂在蚕房上，等颜料干透后再进行下一步操作。

2. 图画创作

运用马克笔、颜料等，按照设计图，对蚕房上色。需要注意：水粉、水彩可以在木材、纸质材料等上面上色，但覆盖力一般，两层颜色之间会有影响；丙烯颜料可以在塑料、金属等材料上上色，覆盖力较强，一层干透后才可画下一层，两层颜料不会影响。

3. 制作装饰物

（1）超轻黏土装饰物。例如，制作"蚕宝宝"：将白色的超轻黏土搓成 5 个直径约 1.5 cm 的球，将 5 个球连接在一起，制作成蚕宝宝的身体，再搓出 8 个直径约 0.5 cm 的小球，作为蚕宝宝的足，粘在"身体"两侧，用黑色的黏土制作蚕宝宝的眼睛和嘴巴，装饰在"头部"，这样就做好一个蚕宝宝了。

又如，制作"桑叶"：将绿色的超轻黏土压成片，用尺子重压，切出桑叶的轮廓（边缘有小锯齿），再用尺子轻压，做出桑叶的叶脉（网状），也可以将颜色稍深的绿色超轻黏土搓成细条，做成叶脉。

除以上装饰物，学生可发挥自己的想象，制作更多类型的装饰物。

（2）剪纸装饰物。例如，制作"小小花朵"：在黄色卡纸上画出向日葵的轮廓，注意画 3 个大小不一样的，用固体胶将花朵按照从大到小的顺序一层层粘贴起来，每层之间稍微错开；在棕色卡纸上画出花盘，剪下后贴在向日葵中间，用绿色卡纸剪出茎和叶，粘贴在一起，就做好一朵完整的向日葵了。

（3）冰棒棍装饰物。例如，制作"可爱花园"：用超轻黏土或彩色卡纸制作小型花朵，用小刀将冰棒棍切割成适合的长度，涂上绿色颜料，借助热熔胶将小花朵固定在冰棒棍一端，装饰上小叶子，用制作的花朵装饰蚕房。

（4）运用家里的小物件进行装饰。如果家里有贴纸、小玩偶等物品，可以直接用这些小物件来装饰蚕房。

蚕房制作评价表

评价内容	3	2	1	自评	互评	师评
项目设计	能较为清晰地画出设计草图，有较强的科学性、实践性，有详细的方案说明	设计方案有一定科学性，但实用性不强，有设计草图，方案说明能让人理解	方案有较多瑕疵，科学性、实用性不足，缺乏说明，无设计草图			
沟通分享	积极分享沟通自己的想法	被动与人分享	不愿意和他人交流自己的想法			
提出问题	有主见、有想法，能主动发现、提出问题	有一定想法，能提出自己的观点	容易和其他同学想法一致			
评价修改	在讨论中能听取组员的意见，根据建议完善作品，修改质量高	根据评价完善作品，修改质量一般	不能根据评价完善作品			
解决问题	主动思考方案的优缺点，有合理的解决方案	认识到设计方案的优缺点，无解决方案	发现问题，无解决方案			
作品呈现	能充分利用材料特点，样式美观，花费少，能最大程度利用废旧物品	作品质量一般，有一定创造性，基本能合理利用资源	质量较低，毫无创造性，不能合理利用资源			
自我评价和反思						

任务四：制作养蚕绘本（4月下旬）

【材料准备】

白纸、剪刀、订书机、快递纸盒、刻刀、双面胶。

【创作步骤】

（1）画。拿出快递纸盒，根据裁剪的白纸尺寸，画出封面、封底、书脊、内页的大小，注意封面、封底尺寸要比白纸内页稍大一些。

（2）裁。将白纸裁剪成大小、形状相同的图形，可以是长方形、正方形、圆形等，画好后用刻刀将封面、封底及书脊裁下来。

（3）订。根据设计将需要的书页和封面、封底用订书机装订成册。

（4）粘。准备两张白纸，将封面、书脊、封底紧凑摆放好，白纸四个角裁剪成包书皮边角样子，使其包起来更美观。用白纸遮盖纸壳部分。

（5）装饰。用铅笔根据自定主题进行封面构图并上色。

（6）内页制作。可用照片打印、裁剪、粘贴的方式来制作，也可以用画画的形式来制作。

【剪刀使用方法】

（1）尽量选择安全剪刀。

（2）拇指、中指分别伸进一个洞，食指扶住剪刀，稳定剪刀。

（3）左手拿纸时注意不要离得太远，要保持适当距离，便于稳定纸张，剪起来更精准。

（4）使用过程中要集中精神，看着要剪的物品，避免误伤。

（5）剪刀使用完后，立刻收好。

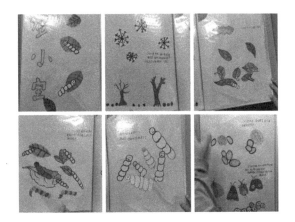

【评价标准】

（1）能利用废旧纸壳制作，培养动手能力。

（2）裁剪美观，粘贴整齐。

（3）内容丰富，能形象地反映蚕宝宝的生长过程。

（4）能独立完成或小组合作完成。

（5）安全意识强，使用剪刀或小刀时注意安全，无疯闹现象。

【制作技巧】

（1）绘本颜色丰富、搭配合理，涂色时注意美观。

（2）提前拍摄好蚕宝宝各阶段照片。

（3）为了粘贴得美观，尽量使用双面胶，少用固体胶，避免留下胶印。

（4）第一次制作时，尽量制作小尺寸的绘本，这样更容易成功。

（5）提前构思，想好每一页的内容，避免出现空白页，影响整体美观。

【小刀使用技巧】

（1）选择学生用美工刀。

（2）使用时，刀片推出 1 ～ 2 cm 即可，避免刀片太长，误伤自己。

（3）用小刀裁纸时，注意刀锋向外，从里向外裁纸。手放在刀背处，避开刀锋的路线。

（4）美工刀刀片上有很多小格，如果小刀变钝，可以沿着小格，将钝的地方断开，使小刀重新变得锋利。

任务五：制作蚕茧工艺品（5月上旬）

【蚕茧钥匙扣】

1. 材料准备

剪刀、尺子、铅笔、纸、圆形铁环、蚕茧。

2. 步骤

（1）选取椭圆形蚕茧。

（2）然后清理蚕茧，用手剥干净蚕茧上面多余的蚕丝，使其表面光洁，更加容易上色。

（3）铅笔构图。在蚕茧上画上想要画的图案。多余的线条可用橡皮轻轻擦去。随后，用颜料上色。

（4）耐心等待上好色的蚕茧变干。

（5）穿中国结。用毛线针从蚕茧的头穿到尾穿个洞，然后把中国结的尾绳穿入直钩锥子，利用直钩锥子穿入有洞的蚕茧（从头穿入，从尾穿出）。

（6）最后再利用这个方法，将直钩锥子穿上尾绳，再穿入中国结的尾穗，拔出打结。

【蚕茧手工花灯】

1. 材料准备

天然彩色蚕茧、LED小灯串、手工小铁丝、绿色纸胶带。

2. 步骤

在蚕茧上剪出十字形的口子，形成花瓣，底部开口，将LED灯固定在花瓣里。

将绿色胶带缠在铁丝上做成花秆。

将每一个花朵用线固定在花秆上，并用绿色胶带缠绕，使其美观。

将花束配上叶子，并与花缠绕在一起。

准备一个合适容器将其固定。

【评价标准】

（1）能利用蚕茧来制作。

（2）制作美观，裁剪整齐。

（3）粘贴牢固，穿线整齐。

（4）具备一定的实用性或观赏性。

【制作技巧】

（1）选择无明显破损、外形较好的蚕茧。

（2）选用的颜色要丰富，搭配要合理，染色时需要注意颜料比例。

（3）物品搭配时大小比例要合适。

（4）为了粘贴牢固，可选择 502 胶水。

任务六：蚕丝工艺（5 月中旬—6 月上旬）

【刺绣基础】

1. 取线穿针

绣线一般由几股线缠绕而成，将绣线一根根地抽取出来，穿过绣针，准备刺绣。

2. 线尾打结

如果需要的绣线是单股、三股、五股这样的绣线，在穿针后，绣线两端一长一短，长的一端在绣针上缠绕几圈，手指捏住缠绕的线圈，将针线从线圈内带出，拉到尾端即可。如果需要的绣线是双股线，以两股为例，取出单股线，穿过绣针，两端对齐，两根线尾同时在绣针上缠绕几圈，手指捏住缠绕的线圈，将针线从线圈内带出，拉到尾端。同理，需要四股线时，用两股线穿针，需要六股线时，用三股线穿针。

3. 结束打结

最后一针留一个圈，将针线从圈内穿过，拉紧，剪断线头。

【刺绣基础评价标准】

（1）能熟练分开绣线，不打结。

（2）熟练使用穿针器。

（3）能在绣线尾端打一个小巧、不散开的结。

【刺绣基础技巧】

（1）注意安全，绣针尖端不要对人。

（2）拉线时注意动作幅度，不要伤到旁边的人。

（3）绣线的长度大约为 1 m，如果太长，容易打结。

（4）刺绣从绣布的反面落针，将结留在绣布背面，让绣品更美观。

（5）借助视频资料，在老师指导下学习直针、回针等基础针法。

【拓展活动】

（1）参观武汉纺织大学荆楚纺织非遗馆。

（2）了解汉绣的历史以及汉绣特点：汉绣是流行于湖北省荆沙、武汉、洪湖一带的传统刺绣艺术，据史书记载，它始于汉，兴于唐，盛于清。作为古楚之地，武汉地区特殊的地理环境和文化为汉绣的发展提供了条件。石首市绣林镇、洪湖市峰口镇一带的绣花堤和汉口的绣花街等皆因刺绣集中而得名。汉绣以楚绣为基础，取南北绣法之长，逐渐形成以铺、压、织、锁、扣、盘、套为主的针法，以平金夹绣为主要表现形式的刺绣艺术体系。汉绣强调"花无正果，热闹为先"，一般从外围起绣，逐层向内走针，直到铺满绣面为止。根据绣品不同的质地和花纹，刺绣时需灵活运用各种针法，做到下针果断，讲究图案边缘的齐整，即"齐针"，讲究分层破色的层次感和立体感。汉绣构思大胆，色彩浓艳，画面丰满，装饰性强，处处流露出楚风遗韵，在中国刺绣园地里自成一格，大放异彩。

【绒花制作基础】

1. 材料准备

蚕丝线、退火铜丝、猪鬃毛刷、剪刀、镊子、木质搓板、固定架、熨斗或直发棒、白乳胶。

2. 步骤

（1）排线。将蚕丝线按照需要的颜色依次排列，固定在架子上。

（2）梳绒。用猪鬃毛刷不断梳理丝线，直到丝线完全散开，排列均匀，梳起来顺畅、无阻碍。

（3）勾条。将梳好的丝线排列整齐，尾端固定在工作架上，用湿毛巾敷一会儿，再用刷子刷去杂毛。取一根退火铜丝对折，将闭口一端捻几圈螺旋，用开口处夹住丝线，再旋转几圈，重复操作，让铜丝在丝线上均匀排列。用剪刀等距离、平行地剪下绒排，注意铜丝两侧的绒线应一样长。

（4）滚绒。捏住绒条两端，双手向不同方向捻动，让铜丝带动绒线旋转。将绒条雏形放在搓板上，用力往一个方向搓动，铜丝螺旋越紧，绒条越密。

（5）打尖。修剪搓好的绒条，左手拿绒条的一端，旋转绒条，右手拿剪刀，按照造型需求修剪绒条两端，将其修剪为圆形、锥形等形状。

（6）烫平。根据造型需求决定绒条是否需要烫平，烫手可用熨斗或直发棒等工具来进行。

（7）传花。用镊子使绒条弯曲，做出需要的形状，借助丝线、白乳胶等工具，将绒条按照造型需求组合在一起。

【绒花制作评价标准】

（1）能做到梳绒均匀、顺畅。

（2）能制作细密、均匀的绒条。

（3）能根据需求正确处理绒条。

【绒花制作技巧】

绒花制作主要分为三步，即勾条、打尖和传花。第一步"勾条"一般采用黄铜丝和蚕丝制作，需要将生蚕丝煮成熟蚕丝，缠在烧热的黄铜丝上，为绒条搭建好"骨骼"框架。第二步"打尖"是把绒条做成各种各样的形状。第三步"传花"是将已经做好的各种形状的绒条进行拼接，最终组合成一朵完整的花朵。

【绒花介绍】

南京绒花的历史十分悠久，相传早在唐代武则天时便被列为皇室贡品。明清时代更具规格，清康熙、乾隆年间极为兴盛。绒花作品通体为细绒，手感好，精致而细腻，图案特点明显，造型表现力强。一些走街串巷的绒花艺人常常根据顾客要求即兴创作，作品往往是独一无二的。20世纪80年代，南京工艺制花厂成立，经过多年发展，如今其设计生产的现代工艺品轻巧、生动、可爱，深受人们的喜爱。

任务七：展示、评价、反思（6月中旬）

"可爱蚕宝变身记"总结评价表

评价内容	3	2	1	自 评	互 评	师 评
研究计划	制定较为合理的研究计划	有研究计划但很难实践	研究计划简单粗糙			
过程记录	能运用多种形式观察、记录、整理信息，并对信息进行分析和总结	有持续的记录，并运用图标等形式作比对	有简单记录，形式较为单一			
研究报告	报告严谨认真，项目丰富，内容真实详细	项目完整，结果真实可信	研究报告较为简略			

续　表

评价内容	3	2	1	自　评	互　评	师　评
倾听尊重	与同伴进行良好交流，倾听他人意见并表示尊重	能与同伴进行交流，但不愿意改变自己的想法	不与同伴交流，不接纳他人意见			
坚持毅力	面对失败不断尝试，直到找到解决办法	能多次修改自己的想法，但没有找到最终的解决方案，放弃尝试	面对一两次失败便放弃，不肯尝试			
研究成果	通过文字、图片、视频等多种方式呈现，清晰具体，便于他人理解	能够用图文结合的方式呈现，但是较为简单，他人获得的信息有限	呈现方式单一，只有图画或文字			
展示分享	汇报展示方式多样，能完整表述项目流程，逻辑性强	汇报详细，流程表达得较为清晰	汇报展示方式单一，表述不清晰			
自我评价和反思						

评价指标

本项目评价主体为学生本人、其他学生、教师和家长，可依据下表评价指标进行评价。

核心素养	一级指标	二级指标	表现标准	评价等级
劳动观念	明确劳动概念	在社会实践中对于劳动的认识	知道养蚕行业的发展促进了我国农业、纺织业的发展，具有伟大的意义	☆☆☆☆☆
		在个体认知中对于劳动的认识	见证蚕的生长、发育、繁殖、死亡这个生命历程，了解蚕的生命周期，能够克服困难，强化责任感	☆☆☆☆☆
	学会尊重劳动	对于身边劳动者的态度	培养合作意识，懂得尊重他人劳动成果	☆☆☆☆☆
		对于所获得的劳动成果的态度	不抛弃、不放弃，耐心、细心照料蚕的一生	☆☆☆☆☆

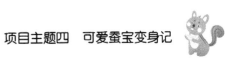

核心素养	一级指标	二级指标	表现标准	评价等级
劳动能力	实践操作	实践思路	掌握喂养蚕的过程：孵化、采摘桑叶、清理食物残渣及蚕沙、消毒、喂食	☆☆☆☆☆
		习得方法	掌握养护蚕宝宝的基本技能和要领	☆☆☆☆☆
		学习时长	观察蚕宝宝的一生，陪伴它们经历一个生命周期	☆☆☆☆☆
	实践技能运用	学会运用	1. 能够根据蚕宝宝生长需要，寻找或制作满足各个阶段蚕宝宝生长需要的蚕房 2. 根据蚕宝宝的具体情况观察其成长过程，通过拍照、剪贴配文或画图配文的方式记录它的生长过程 3. 根据蚕宝宝各个阶段的需要寻找适宜它生长的环境	☆☆☆☆☆
	技能掌握	完成任务	能够熟练掌握技能，完成对应的任务 1. 观察蚕的一生：从蚕卵孵化到蚕蛾产卵 2. 蚕房制作：设计蚕房、制作蚕房、修改蚕房 3. 传统工艺：蚕茧抽丝、蚕茧工艺品制作、蚕丝工艺等	☆☆☆☆☆
		学习优化	能通过养蚕日记、养蚕记录，分析养蚕过程中出现的问题，并通过查找资料解决问题	☆☆☆☆☆

核心素养	一级指标	二级指标	表现标准	评价等级
劳动精神	在劳动过程中领悟劳动精神	坚持不懈	遇到问题不放弃，积极寻找解决办法，通过自己的努力养好蚕宝宝	☆☆☆☆☆
		一丝不苟	肯钻研、善于探究，积极思考，细致、耐心地了解传统工艺	☆☆☆☆☆
	体会劳动过程的独特意义	正直节俭	会利用学过的知识进行蚕的养护，能选择合适的材料制作美观、实用的蚕房	☆☆☆☆☆
		坚持创新	通过劳动能学会多种方法并能尝试创新，举一反三，解决更多问题	☆☆☆☆☆
劳动习惯和品质	养成良好的劳动习惯	自觉主动	能积极参加劳动，乐意与同伴合作	☆☆☆☆☆
		兴趣延伸	有条件且有兴趣的话，可尝试喂养其他小动物	☆☆☆☆☆
	培养良好的劳动品质	安全意识	注意保护自己的安全，采摘蚕的食物时不随意攀爬树木；制作手工制品时规范使用剪刀等物品	☆☆☆☆☆
		持之以恒	有始有终，可以自己完成蚕全过程养殖，不抛弃不放弃	☆☆☆☆☆

本主题设计案例由武汉市光谷第十二小学徐丽珍、王颂扬撰稿。

项目主题五 樱花知识大观园

本主题是三年级上学期项目式学习的内容，属于知识与劳动结合范畴。樱花在三四月凭借着好颜色为烂漫的春季增添了一抹亮丽的色彩，武汉市光谷第十二小学全体教师在 2018 年春季共同种下一棵樱花树，并将其命名为"怀英树"。自此，适尔校园里有了樱花树的点缀，怀英树见证着适尔校园和适尔学子的成长。也正是在怀英树的启发之下，学校开展了以樱花为主题的项目式学习。通过以樱花为主题的学科融合式项目学习，学生在观察、探究、合作学习的过程中，了解和学习了与樱花有关的各类知识。同时，学校将樱花知识与劳动、生活相结合，让劳动实践与美育相结合，理解了劳动的意义和价值，感受到了生命与自然的美丽。

项目目标

认知目标

（1）了解樱花的生长特性、樱花的种类、樱花的历史以及樱花自身的价值，掌握播种法、移栽法和扦插法三种樱花的种植方法。

（2）了解制做樱花永生花需要用的材料、制作方法和制作时的注意事项。

（3）学会超轻黏土塑形的几种方法并熟练掌握。

（4）观察樱花生长的各个阶段，并能用观察日记的形式将樱花的生长过程记录下来。

（5）了解樱花花瓣的形状和颜色，并能用两种折纸方法折出精美的花瓣。

行为目标

（1）能熟练地掌握一种或几种樱花种植的方法，并能运用基本的种植方法种植别的植物。

（2）掌握几种樱花永生花的制作方法，并且能利用自己身边的工具制作樱花永生花。

（3）在生活中，能自信大方地向他人讲解樱花的知识。

（4）养成由点及面的好习惯，在学樱花知识、种樱花、做樱花手工的过程中举一反三，在面对另一个物象时，也能进行系统的项目式学习。

情意目标

（1）在种植樱花树和制作樱花相关手工的过程中，培养正确的劳动价值观念，激发劳动的热情，形成持之以恒的劳动习惯，体会劳动的艰辛以及劳动带来的快乐。

（2）熟练掌握一种或多种樱花手工制品的制作方法，在制作中感悟生命的意义，增强责任意识，形成尊重生命、敬畏自然、爱护自然的意识。

（3）通过樱花手工制品的制作和分享，树立自己动手，为他人服务，美化生活的观念。

（4）以制作樱花手工制品为契机，让学生在校内当一次手工设计师，让学生了解手工设计师这个职业，在他们的心中埋下一粒小小的职业规划的种子。

项目规划

项目流程	项目内容	项目方式	课时及场地	项目目标
明确过程	1. 了解樱花的历史和植物知识以及樱花种植的方法 2. 确定自己喜欢的樱花种类和手工制品的类别，自己动手种一棵樱花树或者制作 1～2 种樱花的手工制品 3. 以小组为单位，多角度多方式地展示关于樱花的资料搜集的成果	考察探究 资料搜集	1 课时 学校	认知目标（1） 行为目标（4） 情意目标（1）（4）

项目流程	项目内容	项目方式	课时及场地	项目目标
学习步骤	1.了解并在实践中运用常见的三种植物种植的方法，即播种法、移栽法和扦插法 （1）掌握三种种植方法的注意事项 （2）了解三种种植方法的操作步骤 （3）通过种植樱花，让学生在劳动中感受快乐、体悟生命的意义 2.折纸的制作 3.超轻黏土的制作 （1）了解超轻黏土材料的特性 （2）通过压、捏、揉、搓等，试着将不成形的黏土变成好看的樱花手工制品 4.标本、书签的制作 （1）制作标本的材料和步骤 （2）制作标本的评价标准和技巧 5.观察日记的设计 （1）学会观察植物的生长变化 （2）能够将自己看见的用手描绘出来，用书面文字的形式记录樱花的生长过程并表达自己对生活、对生命的感受	设计制作	1课时 学校 1课时 家	认知目标（2）（3）（4）（5）情意目标（2）
深入实践	1.能熟练地掌握种植、标本制作等各项劳动技能，能举一反三，将播种法、移栽法、扦插法应用到别的植物种植上 2.制作樱花手工制品	社会服务 职业体验	1课时 学校 1课时 家	行为目标（1）（2）情意目标（1）
学会反思	1.寻找身边的樱花知识小明星，以榜样的力量影响周围的樱花使者 2.在与这些有生命力的植物"对话"的过程中，体会生命的顽强，感受成长的喜悦，更加热爱大自然、热爱劳动、热爱生活	职业体验	1课时 学校 1课时 家	情意目标（1）（2）（3）

项目规程

任务一：樱花种植

【樱花种植的技巧】

1. 前期准备

（1）土壤：建议选用营养土。

（2）温度：适宜的温度更能提高樱花的成活率，因此建议在温度为 22 ℃左右时种植樱花，其最佳种植时间是每年的春末和初夏。

（3）材料和工具：樱花种子、土壤、陶盆、喷水壶等。

2. 开始播种

（1）浸种催芽。种植樱花需要选取籽粒圆润且健壮无病虫害的种子，放到 20～30 ℃的温水中浸泡 2 h，然后将种子放入凉水中浸泡 3 d，让种子吸收足够的水分，再将樱花种子埋进潮湿的沙子里，放在有阳光的地方，每天对其喷洒一次水雾，在使土壤保持水分的同时促进樱花种子快速发芽。一般情况下，种子 3～5 d 即可发芽。

（2）发芽播种。待樱花种子长出芽叶后，就可以将种子埋进土壤里。埋完后回填土壤、压实土壤，然后给种子浇水，并且在土壤上覆盖一层稻草或者树叶，以保湿、保温，促进樱花旺盛生长。

3. 后期养护

（1）浇水保湿。樱花生长需要充分的水分，每隔 8～10 d 需要浇一次水，每一次浇水需要浇透，使土壤潮湿、不积水。根据当地天气情况来浇水，干旱时多浇水，有降雨时不用浇水，浇水后要记得松土。

（2）追施肥料。樱花在生长过程中需要充足的养分。在种植樱花时，需要在其生长旺季施肥 1～2 次，肥料可以选择腐熟的有机肥或者饼肥；在樱花开花后，还需要喷洒磷酸二氢钾或者尿素，让植株的开花数量增多。

（3）修剪造型。每年的 3～4 月，需要准备一把消过毒的剪刀，将重叠枝和过密的枝剪去，避免流失多余的养分，而且要将樱花的枯萎枝和发黄枝剪去，促使其萌生新枝。

【樱花种植评价标准】

（1）三种种植方法，至少熟悉并实践一种。

（2）无论选择哪一种种植方法，都能详细地记录樱花的生长变化过程。

（3）到了花期，能看到绽放的樱花。

【种植樱花树技巧】

时刻关注樱花苗的情况，并据此做出相应的照看方案。

任务二：樱花折纸

【樱花折纸的制作步骤】

1. 工具

正方形彩纸一张、剪刀、笔。

2. 步骤

（1）将彩纸沿着中线对折。

（2）折叠后的纸开口向上，右边部分从下往上折出一个三角形，打开后换个方向继续折，形成一个 X 形的折痕。

（3）左边部分的左下角，折叠寻找 X 的中心点，然后向外翻转，右边折叠过来后与之重合。

（4）在折叠后的折纸上画出一瓣樱花花瓣的形状，并沿线剪开。

（5）展开，然后分别沿着五条折痕向里折一点点，再打开，这样一朵樱花就折好了。

【樱花折纸评价标准】

（1）能不看操作步骤，独立完成其中一种樱花折纸的制作。

（2）制作出来的樱花折纸整洁、美观。

【樱花折纸制作技巧】

折的时候一定要压实，使折痕清晰。

任务三：樱花绽放观察日记

【制作观察日记程序】

（1）准备材料：白纸、铅笔、橡皮、彩色笔等。

（2）确定观察对象：可选取一支带花苞的樱花枝条，做上记号。

（3）用文字记录每天的日期、温度、自己的心情和樱花绽放的过程，并配上简单的插图。

日　期	温　度	心　情	植物变化

（4）完整记录樱花绽放的过程后，把观察日记装订成册。

【观察日记评价标准】

（1）记录观察对象的变化、观察者的想法和心情。

（2）观察细致、准确。

（3）观察日记完整且有连贯性。

【制作观察日记的技巧】

（1）要做到细致观察，运用看、闻、触等多种方式感受观察对象的变化。

（2）要抓住事物的特点进行观察，观察樱花干、茎、叶等各部分的特点。

（3）要将前后观察的结果进行对比，写出具体的变化过程。

任务四：捏樱花造型黏土

【樱花花枝超轻黏土制作程序】

1. 准备材料

棕色超轻黏土、粉色超轻黏土、白色超轻黏土、细铁丝一小捆、剪刀和牙签若干。

2. 步骤

（1）用揉、捏的技法，用棕色的超轻黏土包裹细铁丝做成枝条。

（2）用揉、捏、压的技法，把粉色的超轻黏土做成花瓣。

（3）用牙签刻画出花瓣的纹理，用剪刀剪出花瓣的缺口。

（4）把五片花瓣连接起来。

（5）用揉的技法，将黄色和白色的超轻黏土制作成花蕊。

（6）将花朵固定到枝条上。

（7）对做好的樱花花枝细节之处进行完善，樱花花枝就做好了。

【樱花枝条超轻黏土制作评价标准】

（1）能用揉、捏、压、贴、接的方式做出所需造型。

（2）用揉、捏、压等方式做出来的部分要整洁光滑，无明显接缝。

（3）表现出樱花花瓣的特点。

（4）正确处理没用完的超轻黏土，将其密封保存，整理收纳好工具，保持室内环境整洁。

【樱花花枝制作技巧】

（1）制作的枝条粗细恰当，不露出铁丝。

（2）五片花瓣大小尽量一致，不同花朵的花瓣可大小不一致。

（3）可以调整粉色黏土和白色黏土的比例，使超轻黏土颜色更接近樱花颜色。

（4）调整花瓣的角度，使樱花更加立体。

任务五：樱花标本制作

【樱花永生花】

1. 花材的干燥方法

（1）重压干燥法。

①准备材料：一本较厚的书、报纸或卫生纸、樱花花朵。

②步骤：收集新鲜、完整的樱花花朵；把书本打开，铺上报纸；小心地把花朵在报纸上铺平，整理花朵姿态；合上书本并压上重物；压制的前几天要勤换吸水纸，用过的报纸晒干或烘干后可以重复使用。

③重压干燥法的特点：制作平面压花通常采用此方法。制作压花永生花时尽量选择在晴天制作，如遇阴雨天气，可把报纸换成吸水性更强的卫生纸，以免花朵潮湿霉变。

（2）自然干燥法。

①准备材料：带枝樱花、橡皮筋。

②步骤：整理花枝，用皮筋一小束一小束地绑好，倒挂在避雨、避光、干燥、通风的地方，等樱花枝条彻底干燥即可。

③自然干燥法的特点：自然干燥法是最原始、简单的干燥方法，其利用空气的流通，去除植物材料中的水分。缺点是在自然干燥的过程中容易造成植物物理、化学性质的改变，会在一定程度上影响植物的形态。

（3）加温干燥法。

①准备材料：干燥剂、微波炉、微波炉容器、小刷子、樱花花材、牙签。

②步骤：在微波炉容器中倒入 2.5 ～ 5 cm 厚的干燥剂，将花朵小心摆正，每朵花之间至少间隔 2 cm，将干燥剂慢慢地倒在花上，直到将花朵全部遮盖，将容器放入微波炉中加热 2 min。将牙签插入干燥剂，看花是否干透。如果没有，再次加热，然后进行检查，重复这一步骤，直到干透为止。取出微波炉里的容器，给它微微盖上盖子，然后静置一天。

等到容器冷却下来之后，慢慢地倾倒容器，找到干燥剂里的花朵，然后从下端托住花，将它轻轻地拉出来，最后用小刷子刷掉花上残留的干燥剂。

③加温干燥法的特点：加温可以快速使花朵脱水，最大程度上保持花朵的

姿态和颜色。微波炉加热的温度和时间要根据花朵种类的不同进行调整。

2. 樱花永生花制作评价标准

（1）掌握永生花制作的整体流程。

（2）花朵完全干燥且花朵结构完整。

（3）永生花制作完成后花朵尽量保留其原本的颜色。

3. 樱花永生花制作技巧

（1）重压干燥法：采集的标本要及时压制，不能放置过久，压制时注意使纸张和花朵保持平整。

（2）自然干燥法：可以给永生花喷上少量的发胶或者永生花定型液。这样不仅可以定型，还能保护永生花，防止花瓣脱落。

（3）加温干燥法：如果花冠被干燥剂压得变形，可以用牙签将花瓣整理好。为避免将花瓣烤焦，可以在微波炉里放一杯水，先拿一两朵花试试。

【樱花标本书签】

1. 樱花书签制作程序

（1）准备材料：樱花永生花、书签纸、手工白胶、塑封膜和塑封机。

（2）步骤：用手工白胶把樱花永生花粘在书签纸上，整理花朵造型。等胶水干后，把樱花永生花放进塑封膜里。塑封机预热后放入上一步做好的作品。过塑完成后在书签上打孔，穿上绳子。书签上可以写一些关于樱花的唯美诗句。樱花书签制作完成。

2. 樱花书签制作评价标准

（1）掌握樱花书签制作的整体流程。

（2）制成的书签平整、无气泡。

3. 樱花书签制作技巧

（1）粘贴永生花后需要等胶水干透后再放入塑封膜，以免有水分残留，导致永生花变色。

（2）制作完成的樱花书签放到书本中夹一晚上会更加平整。

【樱花发卡和胸针】

1. 樱花发卡和胸针制作程序

（1）准备材料：立体樱花永生花、滴胶、小刷子、热熔胶、发夹、别针。

（2）步骤：用小刷子蘸取滴胶，均匀地涂在樱花花瓣上，等滴胶完全干透，在永生花反面用热熔胶粘上发夹或别针。

2. 樱花发卡和胸针制作评价标准

（1）独立完成樱花发卡和胸针的制作。

（2）花朵姿态优美，花瓣之间无粘连。

任务六：樱花手工皂

【樱花手工皂制作程序】

1. 准备材料

透明皂基、手工皂模具、可加热容器、搅拌棒、酒精。

2. 步骤

（1）把透明皂基放入可加热容器中，边加热边搅拌，直到皂基完全融化。

（2）待皂基稍微冷却后，在手工皂模具中倒入一层皂基。

（3）等第一层皂基凝固后放入樱花永生花，倒入皂基，填满模具。

（4）等皂基自然凝固后脱模。

【樱花手工皂制作评价标准】

（1）了解樱花手工皂制作的整体流程。

（2）手工皂造型美观、无气泡。

【樱花手工皂制作技巧】

（1）不能在皂基温度过高的时候将其倒入模具。

（2）如果要放两层压花，要等第一层稍微凝固后再放第二层。

（3）手工皂从模具中取出来后，如果不够透亮，可以将酒精喷在上面。

评价指标

本项目评价主体为学生本人、其他学生、教师和家长，可依据下表评价指标进行评价。

核心素养	一级指标	二级指标	表现标准	评价等级
	明确劳动概念	在社会实践中对于劳动的认识	认识到生活中随处可见美丽的植物	☆☆☆☆☆
		在个体认知中对于劳动的认识	感受樱花之美，能用樱花装扮自己的生活	☆☆☆☆☆
劳动观念	学会尊重劳动	对于身边劳动者的态度	尊重自己和他人的劳动，感受劳动的魅力	☆☆☆☆☆
		对于所获得的劳动成果的态度	学习折纸技法和相关知识，学习制作超轻黏土作品、标本等的技法和相关知识，尊重其他同学的劳动成果	☆☆☆☆☆

核心素养	一级指标	二级指标	表现标准	评价等级
劳动能力	实践操作	操作过程	1. 收集樱花相关资料、自主学习，小组同学进行交流 2. 观察樱花外形特点，并在此基础上制作劳技作品，美化生活 3. 知道樱花种植和生长的相关知识 4. 本单元学习完毕进行总结评价	☆☆☆☆☆
		掌握要领	1. 樱花种植要领 2. 樱花折纸要领 3. 制作超轻黏土手工制品的技法和要领 4. 植物观察要领 5. 标本制作要领	☆☆☆☆☆
	实践技能运用	学习时长	樱花整个花期	☆☆☆☆☆
		学会运用	1. 能认识樱花，了解与樱花相关的知识 2. 根据生活需要，设计制作樱花相关劳技作品，装饰生活	☆☆☆☆☆
	技能掌握	掌握知识	1. 能够根据需要完成项目，并且熟练掌握技能 2. 了解樱花的相关知识 3. 根据不同情况选择合适的工具，完成作品制作	☆☆☆☆☆
		学习优化	能通过练习和实践发现要领和难点，找到比较优化的实践方法，并展示劳动成果	☆☆☆☆☆

核心素养	一级指标	二级指标	表现标准	评价等级
劳动精神	在劳动过程中领悟劳动精神	勇于探索	遇到困难积极面对，探索解决问题的办法	☆☆☆☆☆
		一丝不苟	能够细致、认真地进行制作	☆☆☆☆☆
	体会劳动过程的独特意义	正直节俭	在制作之前做好充分的准备，预估好用量，不浪费材料，不弄丢工具，保持环境卫生	☆☆☆☆☆
		坚持创新	在劳动中能举一反三，学习更多与樱花相关的劳技作品的制作方法和相关用具的使用方法，能用作品装饰自己的生活	☆☆☆☆☆
劳动习惯和品质	养成良好的劳动习惯	自觉主动	能够用学到的制作技能解决问题，愿意为班级和校园服务	☆☆☆☆☆
		持之以恒	正视失败，不轻言放弃，持之以恒，细心专注	☆☆☆☆☆
	培养良好的劳动品质	安全规范	使用工具时注意安全，能规范、安全、有效地进行相关劳技作品的制作	☆☆☆☆☆
		全心全意	劳动的过程中能够从始至终保持认真的态度，保证作品的质量	☆☆☆☆☆

本主题设计案例由武汉市光谷第十二小学刘卉、商妍撰稿。

项目主题六　赏樱品樱烹饪季

本主题是四年级下学期的课程内容，属于简单烹饪范畴，以樱为媒，从赏樱、品樱两个层面开展本次活动，通过让学生进行信息收集与动手实践，来提高学生自主学习和动手操作能力等。在初步让学生感受到樱花之美，激发了学生对樱花的好奇心与兴趣后，让学生以小组为单位完成资料收集任务。在引导学生收集信息的过程中，必须帮助学生明确收集的目的，从而节省时间，提高信息收集的有效性。在了解樱花的相关知识后，教师要引导学生运用知识技能，通过赏樱、画樱、做樱花饭团等来加深对樱花的认识。在实践中树立正确的劳动价值观，增强团队意识；知道学生是学习活动的主体，在劳动课程实施中学生需具备持之以恒、不断钻研、不怕失败、反复练习的劳动精神，学习知识，提升素养。

项目目标

认知目标

（1）探究并掌握樱花的起源、形态特征、生长习性。

（2）了解国内著名赏樱胜地、周边赏樱好去处。

（3）了解简单的画樱技法、黏土塑樱技法以及以樱花为原材料进行简单的烹饪的方法。

（4）能根据实际需要发现并提出问题。

行为目标

（1）能够通过观察、询问、查阅资料等方法，了解樱花的起源、形态特征、生长习性等知识，以及国内著名赏樱胜地、周边赏樱好去处。

（2）能够独立完成一幅樱花画作，制作超轻黏土樱花。

（3）能独立制作完成樱花饭团，不半途而废。

（4）在实践过程中能举一反三、触类旁通，在教师的指导下灵活运用所学知识创新。

情意目标

（1）能参与赏樱品樱的全过程，团结协作、互相帮助。

（2）了解樱花的植物文化，了解烹饪的不易与烦琐，养成节约粮食、珍惜食物的美好品德。

项目规划

活动流程	课程内容	活动方式	课时及场地	活动目标
明确过程	1. 创设情境，揭示主题，说明樱花对于每一个武汉人特殊的意义，开展"赏樱品樱烹饪季"活动 2. 梳理任务：梳理资料，了解樱花相关知识以及樱花制品、食物做法，明确核心任务 3. 交流解决方法：通过问身边有经验的人、查找资料等寻找解决方法，制定活动方案，反复认真实践	资料收集考察探究交流讨论	2课时学校家庭图书馆	认知目标（1）（2）行为目标（1）

续 表

活动流程	课程内容	活动方式	课时及场地	活动目标
学习步骤	任务一：寻樱 探究樱花的起源 任务二：知樱 了解樱花形态特征 了解樱花分布范围 了解樱花生长习性 了解樱花繁殖方式 了解樱花主要价值 任务三：赏樱 赏诗词 赏书画 赏樱佳境 周边赏樱好去处 任务四：赏樱之画樱 1.仔细观察、分析樱花的结构和特征 2.用线条把自己观察到的表现出来，掌握正确的观察方法和以线作画的能力 3.给樱花上色 4.总结方法与制作要领，教师适时点拨 5.尝试自己作画 6.总结、评价、反思 任务五：品樱之做樱花饭团 1.大米煮熟 2.利用火龙果给大米调色 3.将饭团制作成水滴形状 4.将饭团摆成樱花造型 5.注意电器使用安全	探究 设计制作 动手操作	4课时 学校 家庭	认知目标（2）（3） 行为目标（1）（2）（3）
深入实践	1.熟练正确使用电饭锅和烤箱 2.准备好所需的工具、食材，提前进行学习，并在操作前再次检查确认 3.初次制作以少量多次为原则，即每次制作的量要少，逐渐摸索出正确的方法	体验	4课时 学校 家庭	认知目标（3）（4） 行为目标（2）（3）（4） 情意目标（1）

活动 流程	课程内容	活动方式	课时 及 场 地	活动目标
学会 反思	1. 讲述自身实践经历，分享技巧、经验 2. 分享劳动成果，互相评价、提出建议 3. 总结经验再实践	交流 汇报 评价	3课时 学校	认知目标（3） 情意目标（1）（2）

任务规程

任务一：寻樱

【樱之初体验】

教师播放关于樱花的风光纪录片，让学生感受樱花之美。

【寻根溯源】

通过查阅资料、访谈调查等方式自主探究樱花的起源。

【分工协作】

4名同学为一组，小组成员围绕主题分工合作，3名同学分别从不同的渠道获取所需资料，1名同学对收集到的资料进行汇总和筛选，整理后备用。

【交流展示】

小组派代表上台展示介绍自己小组收集到的关于樱花起源的资料，其他小组依次补充总结。

【知识总结】

樱花原产于北半球温带环喜马拉雅山地区，在世界各地都有生长，主要在日本生长，是一种蔷薇科樱属的植物。秦汉时期，中国就已在宫苑内栽培樱花。唐朝时，樱花已普遍出现在私家庭院中。当时万国来朝，日本使者将樱花带回了东瀛。樱花在日本已有一千多年的栽种历史，并被尊为日本的国花。

樱花既可以水培，也可以土培，以播种、扦插和嫁接繁育为主。樱花的修剪，可以先进行定干，等植株生长到合适的长度时，就可以保留一部分，留下主干，其余的进行截干，并剪除生长位置比较靠下的侧枝。

樱花是早春重要的观花植物，盛开时花繁色艳，满树烂漫，如云似霞，极为壮观。樱花可大片栽植，造成花海景观，可三五成丛，点缀于绿地之上，也可孤植，形成"万绿丛中一点红"之独特景观。除了用于园林观赏外，樱花还可作小路行道树、绿篱或制作盆景。

樱花皮、木材含龙胆酸的 5 葡萄糖甙和 5- 鼠李糖葡萄糖甙（Sakurarin）、樱桃甙、木材含 d - 儿茶素；茎、叶含槲皮素 3- 半乳糖甙；嫩叶含香豆素、反式一邻羟基桂皮酸葡萄糖甙、氰甙；种仁含脂肪油 32%，主要含 a- 桐酸、谷甾醇，可用于治疗咳嗽、发热等。

樱花具有很好的收缩毛孔和平衡油脂的功效，含有丰富的天然维生素 A、B、E，樱叶黄酮还具有美容养颜，强化黏膜，促进糖分代谢的药效，可以用来保持肌肤年轻。

任务二：知樱

【形态特征】

1. 叶

樱花叶子长可达 12 cm，宽可达 7 cm。小一点的长度也有 5 cm，宽 2.5 cm。叶子呈椭圆卵形或倒卵形，边缘有尖锐的重锯齿。正面是深绿色，背面是淡绿色，而且有柔毛。

2. 花

樱花通常在 4 月开花。每个花梗上有 3 ～ 4 朵，花直径不超过 3.5 cm，花瓣白色或粉色，形状为椭圆卵形。苞片为褐色，形状为匙状长圆形，萼片形状为三角状长卵形。

3. 果

樱花果期在 5 月。形状接近球形，颜色为黑色，直径不超过 1 cm，核表面有棱纹。

【分布范围】

樱花在中国、日本等国家均有分布，其中我国比较出名的产地有福建、湖北、北京、山东、江苏等。

【生长习性】

樱花树喜温暖、湿润偏干的环境，在生长的过程中需要充足的阳光，一般生长在比较温暖的地区。樱花树适宜生长在疏松、肥沃、排水良好的微酸性或中性的土壤中。

【繁殖方式】

樱花的繁殖方式主要有扦插繁殖、播种繁殖以及嫁接繁殖三种。

【主要价值】

樱花的作用很多，一是可以用来观赏，樱花的花量较多，花朵美丽，盛开时花朵繁茂，花色艳丽，灿若云霞；二是可以用来入药，但是需在医生指导下进行，不能随便用；三是可以用来护肤，可以应用于一些护肤品之中；四是可以食用，可以用来制作食物或者用来泡茶。

任务三：赏樱

【赏诗词】

本事诗十首·其一
苏曼殊
春雨楼头尺八箫，
何时归看浙江潮？
芒鞋破钵无人识，
踏过樱花第几桥。

樱花

邓溥雅

昨日雪如花，

今日花如雪。

山樱如美人，

红颜易消歇。

东京杂事七十三首选十三·其一

郁华

树底迷楼画里人，

金钗沽酒醉余春。

鞭丝车影匆匆去，

十里樱花十里尘。

谢新恩·樱花落尽阶前月

李煜

樱花落尽阶前月，象床愁倚薰笼。远似去年今日，恨还同。

双鬟不整云憔悴，泪沾红抹胸。何处相思苦？纱窗醉梦中。

【赏书画】

书籍有冈田让、佐野藤右卫门、本田正次《樱大鉴》，桃虹《樱花日记》，何宗儒《盛世赏樱攻略》，郭沫若《樱花书简》等。

画作有桥本明治的《朝阳樱》、达明安·赫斯特的《樱花》、任珮韵的《樱花蓝鹊》、张辛稼的《樱花飞蝶图》、张书旂的《月夜樱花眠禽》等。

【赏樱佳境】

1. 贵州平坝樱花园

贵州平坝樱花园可能是为数不多的免费赏花地了，因为这里严格来讲不算景区，而是贵州最大的花卉苗木培育基地。这里有万亩樱花，因 BBC 发布的一组中国西南地区花海航拍图而被大家认识。每年的 3 月中旬，这里樱花盛开，形成一片花海。

2. 无锡鼋头渚风景区

鼋头渚是江苏省无锡市太湖北部的一处半岛，这里山长水阔，有烂漫樱花、小桥流水，景色优美。4 月，鼋头渚的樱花迎来了它的花期，100 个不同品种、3 万多株樱花相继绽放，无锡进入樱花吹雪的季节。

3. 西安青龙寺

青龙寺樱花树种植于 1986 年，至今已有 30 多年的历史。每年 3 ～ 5 月间，1 000 多株樱花盛放。在樱花树映衬下，唐风建筑、亭台、小桥、流水共同构成了古韵十足的景观，让人流连忘返。

4. 南京鸡鸣寺

南京鸡鸣寺自古以来就有"南朝第一寺"的美誉，是南京最负盛名的赏樱地之一。

每年樱花盛放的季节，300 多株樱花相继开花，千娇百媚，使这里成了南京一处热门的旅游地。最佳赏樱地是从鸡鸣寺到和平门长为 400 m 的樱花大道，其从南向北延伸到明城墙解放门，在黄墙映衬下，显得非常唯美。

【周边赏樱好去处】

1. 武汉大学

每年阳春三月是武汉大学最美、最浪漫的时候。武汉大学校园内有 1 000 多棵樱花树，包括日本樱桃、山樱桃、垂樱和红樱桃等品种。武汉大学最佳赏樱地是老斋舍、樱花大道、文理学部第四教学楼对面、文理学部校医院旁、计算机学院旁边。

2. 东湖磨山樱园

东湖磨山樱园占地 300 余亩，扩建于 1998 年，2001 年 3 月正式向游人开放。东湖磨山樱园是继日本弘前樱花园、美国华盛顿樱花园之后的世界第三大赏樱胜地。东湖磨山樱园为日式庭院式设计，是具有日本特色并以种植樱花为主的专类园。

任务四：赏樱之画樱

【画樱技法练习程序】

1. 准备

高清的樱花图片、彩铅、黑色勾线笔、素描纸。

2. 步骤

（1）照着樱花图片，画出五瓣樱花。

（2）给樱花画上花蕊。

（3）在樱花的花瓣上画上少许纹路。

（4）用同样的方法画出第二朵樱花、第三朵樱花。

（5）使用红色、黄色、绿色彩铅为花蕊部分上颜色。

（6）使用粉红色彩铅给花瓣部分上颜色。

（7）花瓣用黑色勾线笔勾边，花蕊用黑色勾线笔加深颜色。

【画樱练习技巧】

（1）从画第一朵花开始。在每一片花瓣的边缘画一条带有一点凹痕的U形线，然后再画一条指向不同方向的带有凹痕的U形线，让每一片花瓣连接起来，形成一朵有五片花瓣的樱花。

（2）在花瓣的中间位置，用短线条随意排列，再给每条线顶端点上点，形成花蕊。

（3）在每一片花瓣上用短曲线来画出纹路。

（4）画第二朵花时，让其被第一朵花遮住部分。再次使用带有凹痕的U形线条，让它们连接起来形成花朵的轮廓，在花瓣的中间位置，用短线条随意排列，再给每条线顶端点上点，形成花蕊。

（5）选择不同的位置，画出与前两朵花角度不同的第三朵花。再次使用带有凹痕的"U"形线条，让它们连接，以形成花的形状，在花瓣的中间位置，用短线条随意排列，再给每条线顶端点上点，形成花蕊。

（6）用树枝连接花朵。请在两朵花之间画两条曲线。在左侧花朵处，用一组平行曲线画出主树枝，将花朵连成一簇。

（7）给樱花上颜色。用红色彩铅从花朵中间位置沿着曲线纹路向外上颜色；再用黄色彩铅从花朵中间位置向外描黄色线条，形成花蕊部分；用绿色彩铅给花秆上颜色。

（8）用粉红色从花蕊开始沿着花瓣外形轮廓以及花瓣的纹路，给每一片花瓣上颜色。

（9）用咖啡色给树枝上颜色。

（10）用黑色勾线笔给花瓣外轮廓勾线，用褐色勾线笔勾画花瓣的曲线纹路以及中间花蕊部分。

【画樱练习注意事项】

（1）画之前认真观察图片，观察樱花有几片花瓣、每一片花瓣的外形特点、花蕊的样子、花瓣和花蕊的色彩。

（2）铅笔起稿要轻轻画，以便于修改。修改的时候要擦干净，保证画面干净整洁。

（3）每一片花瓣的凹痕可以是不一样的，画出每一朵樱花不同的造型特点。

（4）画花瓣纹路的时候沿着花瓣的生长方向来画。

（5）画第二朵、第三朵樱花时，注意与第一朵樱花的前后遮挡关系。

（6）仔细观察，抓住不同角度、不同朝向樱花的特点。

（7）使用彩铅给樱花上色时，注意不要大面积平涂，这样可使画出来的樱花显得淡雅。

【画樱练习评价标准】

（1）绘画工具准备充分。

（2）能细致地观察以及分析植物的外形特点，并且能够用线条将自己观察到的植物造型画出来，掌握正确的观察方法以及用线条作画的基本能力。

（3）具有观察、分析、造型能力，了解樱花的结构与特征。

（4）学生喜爱大自然，对美好生活充满了热爱之情。

（5）整理收纳好绘画工具，保持室内环境整洁。

任务五：品樱之做樱花饭团

【樱花饭团烹饪准备】

1. 食材

大米 250 g、清水 300 mL、食盐 1 g、食用油 2 g、寿司用海苔 1 张、寿司醋适量、香油适量、熟芝麻适量、沙拉酱适量、番茄酱适量、蜂蜜芥末酱适量、火腿肠 1 根、肉松适量、腌渍萝卜条 2 根、红色火龙果肉少量、装饰用薄荷叶几片。

2. 工具

做紫菜包饭用的竹帘、刀、切菜用的案板、一次性手套、清洁纸巾、盘子。

【樱花饭团烹饪程序】

（1）准备圆形颗粒状大米或者寿司专用米。

（2）将大米淘洗干净，尽量沥干水后加入 300 mL 清水、1 g 食盐和 2 g 食用油，按电饭锅煮饭键，煮熟焖 5 min 拿出。

（3）在米饭还温热的时候将一瓶盖寿司醋倒入米饭。

（4）再加入香油、熟芝麻拌匀。

（5）取 100 g 米饭放入另一个碗中，少量多次地加入火龙果肉，调出自己想要的颜色即可。

（6）取出寿司用竹帘，为了方便清理，用保鲜膜将竹帘包裹起来使用。

（7）将寿司海苔片一分为二，取半张海苔片，粗糙面朝上放在竹帘上，在海苔片上均匀地铺上红色米饭。

（8）将铺好米饭的海苔片翻过来平铺在竹帘上。

（9）再取 50 g 白米饭平铺在这一面。

（10）挤上沙拉酱、番茄酱、蜂蜜芥末酱。

（11）放上四分之一根火腿条，再放上一根腌渍萝卜条（也可以搭配一根黄瓜条，喜欢吃什么就放什么），铺上适量肉松。

（12）注意提起竹帘将饭团对折压紧，这个步骤多练习几遍即可完成好。

（13）两只手将竹帘卷成水滴形状。

（14）将饭团放在案板上，用寿司刀将饭团切成厚度约为 1.5 cm 的饭团，摆成花朵造型。

（15）在花朵中间挤上沙拉酱或者其余的酱料，点缀上薄荷叶，即可装盒，拿出去和家人、朋友分享。

【樱花饭团烹饪技巧】

（1）可以按 2 ∶ 1 的比例将粳米和糯米混合起来，这样饭团口感更好，也更容易消化。

（2）可根据个人口味将馅料替换成自己喜欢的。

（3）煮米饭时间根据加水的多少和不同品牌不同型号电饭锅煮饭时间来确定。

（4）米饭要铺均匀，不能太厚，并且需要在一侧留一条 0.5 cm 左右的边。

（5）食材要在留边的另一侧铺好，最好不要放在中间，切忌过多。

（6）卷竹帘时要一只手往前卷，另一只手按压，这样可以使饭团不易变形。

（7）在切断时可能出现不好切的情况，这时候可以在刀上涂抹一点油，方便切段。

【樱花饭团烹饪注意事项】

（1）在煮米饭的时候加水要适量，不要加太多，不然米饭煮得太软，不好揉成饭团。

（2）调味料要酌量添加，盐不要多加，因为馅料都有咸味，要是盐再加多了，搓出来的饭团会比较咸。

（3）饭团一次不要做太多，最好是吃多少做多少，保证食物的新鲜和卫生。

（4）在搓饭团的时候可以蘸一点儿柠檬水。

【樱花饭团评价标准】

（1）粗细均匀成段。

（2）切开后成型，不散开。

（3）吃起来味道好。

（4）米饭软而不烂，粒粒分明，有嚼劲而不硬。

评价指标

本项目评价主体为学生本人、其他学生、教师和家长，可依据下面的评价指标进行评价。

核心素养	一级指标	二级指标	表现标准	评价等级
	明确劳动概念	在社会实践中对于劳动的认识	认识到烹饪在生活中不可或缺，掌握烹饪技能可以提高生活品质，培养学生独立、自主能力	
劳动观念		在个体认知中对于劳动的认识	感受到烹饪带来的成就感与幸福感	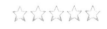
	学会尊重劳动	对于身边劳动者的态度	让尊重他人和自己的劳动成为一种习惯	
		对于所获得的劳动成果的态度	不浪费粮食，勤俭节约，践行"光盘行动"	☆☆☆☆☆

核心素养	一级指标	二级指标	表现标准	评价等级
劳动能力	实践操作	实践过程	掌握植物写生、简单烹饪、电饭锅与烤箱使用的基本方法	☆☆☆☆☆
		掌握要领	1.掌握正确的观察方法和以线作画的要领 2.掌握烹饪技巧、要领	☆☆☆☆☆
		学习时长	能够专心致志、持之以恒地练习这些劳动技能并熟练掌握	☆☆☆☆☆
	实践技能运用	学会运用	1.能够根据生活实际需要，掌握绘画相关工具的正确使用方法并进行操作技能训练 2.能够根据家庭实际需要，掌握刀具、炊具的正确使用方法并进行练习 3.根据菜品的具体情况判断是否需要增减配料、食材等 4.根据食材的不同特性选择合适的烹饪方法，力求取得最佳效果	☆☆☆☆☆
	技能掌握	掌握知识	1.能够根据需要完成任务，并且熟练掌握技能 2.能熟练掌握绘画工具的使用方法，根据需要选择合适的技法	☆☆☆☆☆
		学习优化	能通过练习和实践发现要领和难点，找到比较优化的实践方法，并展示劳动成果	☆☆☆☆☆

续 表

核心素养	一级指标	二级指标	表现标准	评价等级
劳动精神	在劳动过程中领悟劳动精神	积极探索	在劳动时能不怕苦、不怕累，亲力亲为，有奉献精神，遇到困难积极面对，探索解决问题的办法	☆☆☆☆☆
		一丝不苟	能够细致、认真地进行制作，具有钻研探究精神，善于发现问题和思考	☆☆☆☆☆
	体会劳动过程的独特意义	正直节俭	绘画之前做好充分的准备，不弄丢工具，保持制作环境卫生 能够爱惜食物，不糟蹋粮食，不浪费食材	☆☆☆☆☆
		坚持创新	1. 在劳动中能举一反三，学会更多绘画方法以及相关工具使用方法 2. 能够根据具体问题，有创造性地解决问题，参考不同样式的饭团来制作饭团，并进行创新	☆☆☆☆☆
劳动习惯和品质	养成良好的劳动习惯	自觉主动	能积极主动参与烹饪劳动，愿意为他人和自己服务	☆☆☆☆☆
		持之以恒	正视失败，不轻言放弃，持之以恒，细心专注	☆☆☆☆☆
		安全意识	能注意工具安全使用，能规范、安全、有效地参与劳动	☆☆☆☆☆
	培养良好的劳动品质	坚持不懈	劳动时能够有始有终，劳动结束后能清理干净，保持环境卫生，养成自觉维护劳动成果的好习惯	☆☆☆☆☆

本主题设计案例由武汉市光谷第十二小学曹蕾、易轩正撰稿。

项目主题七　巧制光谷之建筑

本项目是四年级上学期的课程内容，属于生产劳动范畴。光谷建筑一方面用于环境的装饰和美化，另一方面反映了城市的文化水准，丰富了城市居民的精神生活。设计师在设计这些建筑时，不论设计的建筑是抽象、半抽象的，还是简约、具象的，都是以公众普遍接受的风格和形式进行创作的。项目从光谷建筑的造型、色彩、主题等方面引导学生感受城市建筑的美感以及文化内涵，表达自己对光谷建筑的感受。本项目旨在引导学生通过观察模仿、自主探究、小组合作，总结基本制作技法，能够动手、动脑，大胆创新，养成积极思考、主动探究的好习惯，体验设计活动的乐趣，自由发挥想象力，张扬个性，发展创新思维，提高学生动手操作的能力和耐心细致观察的能力，初步具有团队意识与协作意识。同时，培养学生的主人翁意识，使其能够积极参加学校活动，进一步培养学生的自主意识、责任感和意志力，促进其形成健全的人格，树立正确的劳动观念。

项目目标

认知目标

（1）通过对彩泥和纸雕塑作品的欣赏，使学生对彩泥和纸雕塑这种艺术形式产生了解、认知，了解光谷建筑物的基本组成，学习分辨其色彩、造型、质感等美术语言，具有基本的感知空间方位的能力，制作彩泥和纸雕塑作品。

（2）了解彩泥的基本制作技法和常见的彩泥制作工具，掌握揉、捏、搓、压、贴、接等方法。

（3）学会纸雕塑的基本技法：折、卷、切、穿插、缠绕、组合。

（4）了解圆柱形、三棱锥、三棱柱等基本形状的制作方法，通过制作立体的纸雕塑展现光谷建筑作品，发展学生的立体空间思维能力和抽象表达能力。

行为目标

（1）初步了解光谷建筑，感受光谷建筑的艺术魅力和多元化的艺术风格。

（2）通过对彩泥和纸雕塑制作成品的分析，了解制作方法，具有基本的逻辑思维能力、观察力。

（3）正确使用塑料刀、牙签、格尺、刻刀、剪刀、胶枪、垫板等工具，安全操作，并能根据需要选择合适的制作工具。

（4）通过自主探究进行方法总结，能够利用不同方法做出想做的造型，初步具有美的表现力。

（5）积极地投入设计制作，根据主题需要添加造型和修饰，发挥想象力和创造力，初步形成审美能力、合作能力和动手能力。

（6）对五彩缤纷的彩泥与纸雕塑作品进行赏评和比较，使学生初步具有美的感受力。

（7）学生在活动中积极探索，对手工制作产生浓厚的兴趣，在学会基本技法的基础上举一反三，在制作彩泥和纸雕塑作品的过程中进行创新。

情意目标

（1）将创意与手工制作完美结合，体会到手工制作的乐趣。

（2）具有热爱劳动，乐于动手的情感态度，养成善于观察与勤于思考的习惯。

（3）能正确面对失败，学会反思，不断探索解决问题的办法。

（4）能用学到的彩泥和纸雕塑制作技能美化班级、校园和家，初步具有服务意识。提高审美能力，增强合作意识，培养创新精神。

（5）具有环保意识，不浪费彩泥及纸雕塑制作材料，勤俭节约。

（6）懂得劳动成果来之不易，尊重他人的劳动成果。

（7）感受光谷建筑对环境的美化和装饰作用，体会抽象造型的美感，能够运用彩泥和纸立体造型表达自己的创意和思想感情。

项目规划

活动流程	课程内容	活动方式	课时及场地	活动目标
明确过程	布置课前学习任务 搜集光谷建筑的图片，摘录简要的文字介绍，让学生进行自学 导入新课 1. 欣赏学生收集的光谷建筑图片，出示课题 2. 揭示主题，开展"巧制光谷纸建筑"的活动 3. 让学生用喜欢的方式探索解决问题的方法 4. 认识、准备彩泥和纸雕塑制作的工具	自主探究 收集资料	1课时 教室	认知目标（1）
学习步骤	1. 欣赏光谷建筑作品，让小组结合学习资料进行学习 一组学习资料：光谷广场"星河" 二组学习资料：光谷"马蹄莲" 三组学习资料：光谷多莫大教堂 2. 学习基本技能	欣赏探究 动手操作	7课时 教室	认知目标（2） （3）（4） 行为目标（1） （2）（3）（5） 情意目标（1） （2）（3）（5）

活动流程	课程内容	活动方式	课时及场地	活动目标
深入实践	1. 开展"我为光谷设计标志性建筑"的活动，与同学合作，运用所学技法，展示对标志性建筑的认识和情感 2. 你想表达怎样的情感 3. 你想如何表达情感 4. 建筑周围可以放些什么呢？查找资料 ①看视频或图片欣赏彩泥和纸雕塑建筑作品制作范例，感受彩泥和纸雕塑的魅力与表现力 ②观察视频和图片中的建筑物的作品范例，说说都用到了哪些制作技法 5. 讨论：想为光谷建造什么样的建筑，在颜色的搭配和图案的选择方面有哪些需要注意的问题 6. 小组合作，进行标志性建筑设计简图的绘制（说明建筑周围有什么植物或者雕塑等） 7. 交流分享，改进完善 8. 总结、评价、反思 9. 根据简图，准备工具和材料 10. 分工合作，完成作品	设计制作	2课时 教室	认知目标（1）（2）（3） 行为目标（4）（5）（6） 情意目标（1）（2）（3）（4）（5）（6）（7）
学会反思	1. 作品赏析，展示交流 2. 发现问题，修改作品 3. 互相学习，取长补短 4. 总结评价，收获感悟	交流评价	1课时 教室	情意目标（1）（2）（3）（4）（5）（6）（7）

任务一：彩泥技法练习

【彩泥技法练习步骤】

1. 准备

彩泥。

2. 拆封

清洁好双手，将彩泥从袋子中拿出来规整地摆放在桌子上。

3. 技法体验

（1）揉：将彩泥放在手心，两手相对旋转，稍稍用力，得到圆球。小团的彩泥可用大拇指和食指揉。

（2）捏：拇指和食指配合，挤压已揉成球的彩泥；将其压扁或使其弯曲，变成自己所需的形状。

（3）搓：将黏土放在双手手心，两手前后运动或一只手在桌面上来回压擀黏土，把彩泥搓成长条状。搓细条时，可用大拇指和食指前后搓动。

（4）压：用手掌或压泥板，将黏土压成薄薄的扁片状。

（5）贴：把彩泥的多个部件贴压在一起。

（6）接：将彩泥的两个或者更多的部件连接到一起，也可借助牙签等工具进行连接。

4. 技法实践

运用技法，进行基本形的创作。

【彩泥技法练习评价标准】

（1）掌握揉、捏、搓、压、贴、接6种技法。

（2）能运用技法进行基本形的制作。

（3）制作好的基本形表面光滑规整，无断裂痕迹。

（4）正确处理残留彩泥，保持室内环境整洁。

【彩泥技法练习技巧】

（1）彩泥要先揉匀、揉软，才方便之后的操作。

（2）彩泥如果变干了可以加点水揉。

（3）运用揉的技法，可以做出圆球形、椭圆形等形状。

（4）运用捏的技法，可以做出正方体、长方体、锥体等规则或不规则的形状。

（5）运用搓的技法可以做出圆柱体、长条等形状。

（6）运用压的技法，可以做出扁片状。

（7）运用贴和接的技法可以把彩泥的两个或者更多的部件连接到一起，要注意充分连接、晾干，在连接、晾干的过程中不要触碰，使其连接牢固。

任务二：造型模仿练习——蘑菇小房子

【蘑菇小房子制作程序】

（1）取适量肉色彩泥，滚搓成矮圆柱。

（2）取适量天蓝色彩泥，滚搓成小圆柱，然后压扁，作为"门"。

（3）取适量红色彩泥，滚搓成小圆球，作为把手，并用小切刀做出"门"的纹路。

（4）将门粘在矮圆柱上面。

（5）取适量天蓝色彩泥，压成小圆片，用切刀做出十字形切口，作为"窗户"。

（6）将"窗户"粘在"门"的旁边。

（7）取适量红色彩泥，滚搓成小圆球，压扁。

（8）捏制成"伞"的形状，作为"房顶"。

（9）取适量肉色彩泥，压成小圆片，贴于"房顶"上。

（10）再取适量肉色彩泥，制作4个小圆片，贴于"房顶"上。

（11）黏合"矮圆柱"和"房顶"。

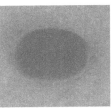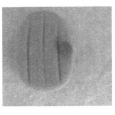

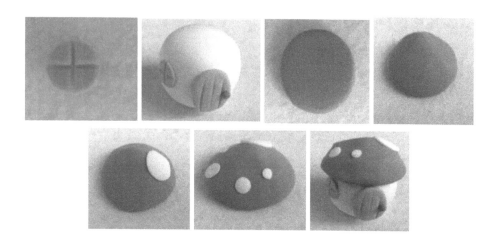

【蘑菇小房子制作标准】

（1）能用揉、捏、贴的方式做出蘑菇小房子。

（2）揉出的球形，表面要整洁光滑，无明显接缝。

（3）把房顶和圆柱粘在一起的时候，用力要轻，防止毁坏已经做好的部分。

（4）正确处理残留的彩泥，整理收纳好工具，保持室内环境整洁。

【蘑菇小房子制作技巧】

（1）在滚圆柱的时候，也可以适当地用捏的方式来修整形状。

（2）在粘贴房顶的时候，如果做好的部分变干了，可以沾一些水再粘贴。

（3）做好的部分，放在离手操作的地方远一点儿的位置，以免不小心毁坏做好的部分。

（4）使用切刀时，要掌握好力度，不可将其切断。

任务三：造型模仿练习——小洋楼

【小洋楼制作程序】

（1）准备彩泥、尺子、彩泥擀面杖、美工刀、修饰笔以及圆形和心形按压模具。

（2）先用彩泥擀面杖将紫色和亮粉红色橡皮泥或者超轻黏土压成平整的薄片，然后用圆形按压模具按压取材制成瓦片，放在一旁备用。

（3）用彩泥擀面杖将深紫色彩泥或超轻黏土压成平整的薄片，这样一个简单的墙面就做好了。用尺子在墙面上压出四条水平的直线。这一步虽然简单但很重要，这四条直线是第四步用来检测瓦片放置位置是否合适的依据，这样做出来更加美观。

（4）开始搭建房顶，将事先准备的瓦片沿着四条水平直线依次放在墙面上，这样漂亮的房顶就搭建好了。

（5）用尺子对房子的边缘进行裁切，勾勒出房子的轮廓，然后再用修饰笔修饰房子轮廓的细节部分，这样房子就初步成型了。

（6）首先用修饰笔在墙面上用点标记出窗户和门的轮廓，然后用美工刀进行裁切，再将做好的窗户和门放上去，这样便有了立体感。天窗的制作类似于门的制作，不过比门的制作稍微麻烦了一点。先用彩泥擀面杖将多余的深紫色彩泥和黄色彩泥压成平整的薄片，然后用尺子将深紫色彩泥裁成长方形，再裁去两角，这样天窗的雏形就做好了。用心形模具在上面按压取材，做好这一步之后，再用心形模具在黄色彩泥薄片上按压取材，然后将黄色的心形薄片放在去除两角的天窗上面，再放在房顶部位，这样窗户、天窗和门就制作好了。

（7）将多余的亮粉色彩泥和紫色彩泥进行压条处理，制作成长短、粗细相同的长条形，然后分别对窗户、天窗和门进行包边处理。

（8）用手掌将剩余的紫色彩泥搓成长条状，用美工刀均匀裁成12小节，然后用手指将其一端进行卷曲处理，做成12个小装饰品，分别对称放在窗户和天窗的下方。

【小洋楼制作标准】

（1）能用揉、捏、搓、压、贴、接的方式做出所需造型。

（2）运用揉、捏、压技法做出来的部分要整洁光滑，无明显接缝。

（3）刀切部位要修整匀称、光滑自然、干净整洁。

（4）装饰部分要精细。

（5）接插牢固，不松动。

（6）正确处理残留彩泥，整理收纳好工具，保持室内环境整洁。

【小洋楼制作技巧】

（1）刀切楼房主体部分的时候，边要切得整齐。

（2）瓦片粘贴部分要前后错开，显得有层次感。

（3）楼房窗户、房顶装饰部分要精细，粘贴要紧。

任务四：彩泥光谷建筑

【建筑制作程序】

（1）结合要表达的主题内容进行创意设计。

（2）准备工具和材料。

（3）分工合作，共同完成。

（4）交流改进作品。

【建筑制作评价标准】

（1）创作之前要先画设计草图。

（2）作品设计内容贴合主题。

（3）按作品需要提前准备好工具、材料。

（4）灵活运用彩泥制作技法，至少使用三种技法。

（5）颜色要鲜艳、搭配要协调。

（6）制作中能安全、高效地完成任务。

（7）遇到问题能虚心向他人请教。

【建筑制作技巧】

（1）多参考范例，学习他人的制作技巧。

（2）注意多种材料的灵活运用。

（3）制作前分好工，能提高制作效率。

（4）合理规划各个区域，注意比例要合适。

【花园制作技巧】

（1）多参考范例，学习他人的制作技巧。例如，参考下面的范例做出金瓜、马蹄莲造型。

 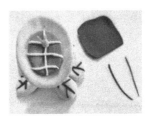

（2）注意多种材料的灵活运用，如下面范例中的绿色底板可以用彩色纸板代替。

 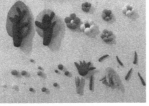 

（3）制作前，分好工，能提高制作效率。

（4）合理规划各个区域，注意比例要合适。

任务五：学习纸雕塑基本元素的制作方法

【纸雕塑练习程序】

1. 材料准备

白卡纸、彩色卡纸、垫板、美工刀、剪刀、双面胶、固体胶。

2. 技法体验

（1）圆柱。

①拿一个圆柱形物品，将等宽的纸条缠绕在上面。

②用固体胶对封口处进行粘贴。

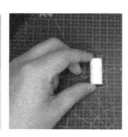

③画出底面的圆，剪下来，粘贴在纸圆筒上下两个面上。

（2）三棱柱。

①画三个长和宽相等的长方形，再画两个边长与长方形宽相等的等边三角形。

②接着在相应的部分画出阴影，用来粘固体胶。

③将所画的图形剪下来，按照棱线进行对折。

④最后在阴影部分涂上固体胶，粘合成三棱柱状。

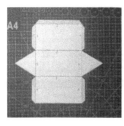

（3）三棱锥。

①先画一个正方形，在正方形的四周画出四个等边三角形。

②选择其中相对的两个三角形画出粘胶水的区域。

③剪下来之后，折棱线，在阴影部分涂上胶水，将四个面聚拢起来粘好。

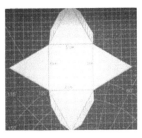

（4）正方体。

①画出六个面，每个面都是一个正方形，并画出阴影的区域用于粘胶水。

②剪下来之后，折棱线，在阴影部分涂上胶水，将六个面聚拢起来粘好。

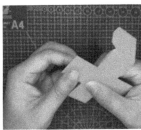
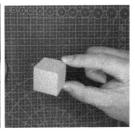

3. 技法创新

运用技法，进行基本形的创作。

【纸雕塑技法练习标准】

（1）初步掌握圆柱、三棱柱、三棱锥、正方体四种形状的制作技法。

（2）学会纸雕塑的制作方法，学会构思、画图、制作。

（3）应用曾经学过的构图、色彩知识制作具有立体感的装饰性强的纸雕塑作品。

（4）正确处理多余的纸张，保持室内环境整洁。

【纸雕塑技法练习技巧】

（1）卡纸的厚薄要适中，不能太厚，也不能太薄。

（2）折可以做出三角形、棱形等形状。

（3）卷可以做出各种卷曲的造型。

（4）切、穿插、组合可以做出各种立体造型。

（5）用刻刀沿着线条的轮廓边缘，从小到大、从内向外进行雕刻。

（6）使用刻刀时注意控制力度。

任务六：圆柱形元素组合雕塑的制作方法与步骤

【圆柱形雕塑制作程序】

1. 以"团结互助"为主题的圆柱形雕塑制作

（1）取数张正方形或长方形纸，将纸卷成圆柱形。

（2）按高矮顺序进行摆放粘贴。

（3）粘贴时注意色彩搭配及前后高低关系的搭配。

（4）最后粘贴在方形纸板上。

提醒学生注意雕塑底部支撑的稳固性。

2. 以"我们的乐园"为主题的圆柱形雕塑制作

（1）取数张正方形或长方形纸，沿中间进行裁剪，剪出若干个长条状纸条。

（2）将纸卷起，用固体胶或双面胶进行黏合，做成若干个圆环。

（3）将圆环进行排列和组合。

（4）将各种各样形状的彩色卡纸与圆环进行拼摆与粘贴。

（5）最后粘贴在长方体或圆柱形底座或方形卡纸上。

提醒学生注意雕塑底部支撑的稳固性。

【圆柱形制作标准】

（1）能用圆柱形做出所需造型。

（2）利用废纸盒及彩色卡纸，运用卷、折、剪、粘等方法设计制作一件造型新颖并能反映某个主题的纸雕塑。

（3）剪裁边缘平整、光滑，没有毛刺。

（4）作品底部支撑牢固，不松动。

（5）正确处理多余的纸张，整理收纳好工具，保持室内环境整洁。

（6）准备多种粘贴材料，如双面胶、万能胶、胶钉、透明胶等，便于学生将各种材料和造型牢固地粘贴起来。

【圆柱形雕塑制作技巧】

（1）造型简洁、色彩单纯明快。

（2）小组分工合作，制作纸雕塑。

（3）每个组成部分之间的穿插有秩序、不凌乱。

任务七：三棱柱和三棱锥元素组合纸雕塑的制作方法与步骤

【三棱锥和三棱柱纸雕塑制作步骤】

1. 三棱锥纸雕塑制作程序

（1）将长方形纸对折两次，折出多个长条，然后将长条裁下。

（2）将左上角向下折叠，使左边缘与下边缘重合，沿右边缘继续向右折叠，再继续折叠。

（3）将纸张打开，在左侧直角三角形长边的背面粘上双面胶，再沿着折痕将双面胶的边与长条的上边缘粘在一起，沿两角剪下。

（4）将若干个三棱锥粘贴在一起，粘贴时注意位置及角度的变化。

（5）最后贴在长方形底座上。

2. 三棱柱纸雕塑制作程序

（1）取数张卡纸，将卡纸折叠出多个长条，共折叠四次，然后沿着第四条折痕裁下。

（2）在第四个长条的边缘粘贴双面胶，再沿着折痕将粘了双面胶的边与第一个长条重合粘贴。

（3）将三棱柱的两面裁剪，注意不要剪到第三个面，然后往后折，就形成了连接的两个三棱柱，还可以换两个面进行裁剪，这样一个普通的三棱柱就变成了抽象造型。

（4）将若干个三棱柱用穿插或粘贴的方式组合在一起，制作时注意位置及角度的变化。

（5）最后贴在长方形底座上。

【其他作品欣赏】

【三棱柱和三棱锥纸雕塑制作程序标准】

（1）能用三棱锥、三棱柱做出所需造型。

（2）剪裁边缘平整、光滑。

（3）作品底部支撑牢固。

（4）正确处理剩余的纸张，收纳好工具，保持环境卫生。

（5）准备多种粘贴材料，便于学生牢固粘贴各种材料和造型。

【三棱柱和三棱锥纸雕塑制作程序技巧】

（1）长方形对折需将纸两边对整齐。

（2）裁剪的过程中学生需沿着折痕进行裁剪，以免剪歪。

（3）作品底部应多用面进行塑造，这样"建筑"立起来会更牢固。

（4）小组分工合作，制作纸雕塑。

（5）在将三棱锥粘贴起来时，要注意粘贴位置的变化，底部的三棱锥应在同一水平线上。

（6）将三棱柱进行粘贴时，应注意穿插与组合的关系，作品既要有变化，又要保持统一。

（7）最后将作品粘贴在长方体纸盒上，使作品更稳定。

任务八：制作光谷建筑纸雕塑作品

【光谷建筑纸雕塑作品制作程序】

1. 纸雕塑立体作品

（1）小组合作，一起设计作品，画草图。

（2）提前准备好卡纸、刻刀、垫板、白乳胶、胶枪等材料和工具。

（3）用若干张白卡纸做出立体空间，其中一张白纸做底，另外几张白纸竖着粘贴在底上。

（4）在卡纸上画出建筑物的外形以及建筑物内部的细节。

（5）对主体建筑物周边进行设计，可以添加房屋、树木、马路、云彩等。

（6）逐一对所绘制的物体进行刻制。

（7）将各个部分有层次地进行摆放、粘贴。

2. 光谷建筑创意拼贴

（1）课前准备：提前准备好卡纸、刻刀、垫板、白乳胶、泡沫胶、彩笔、勾线笔等。

（2）每个小组挑选一个光谷有代表性的建筑，分工合作，将光谷有代表性的建筑及周边的环境用纸雕塑的形式展现出来。周边的环境包括树木、房屋、马路等。

（3）选择合适的颜色对背景、主体、环境物进行绘制和刻制。

（4）根据画面布局，将每个小组的作品依次用泡沫胶粘贴在硬纸板上，在粘贴过程中注意各物体的前后关系。

（5）最后调整空间布局，使其和谐。

【艺术创作"我理想中的光谷城市"】

艺术实践：小组合作，制作一件造型新颖并能反映一定主题的纸雕塑作品。

【范例欣赏】

【光谷建筑纸雕塑作品制作标准】

（1）在制作背景时，立起来的白纸需刻出花纹及有造型上的变化。

（2）灵活运用纸雕塑技法，至少使用三种技法。

（3）颜色要鲜艳、搭配要协调。

（4）造型美观、结构完整。

（5）合理、正确使用刻刀。

（6）能安全、高效地完成任务。

（7）遇到问题能虚心向他人请教。

【光谷建筑纸雕塑作品制作技巧】

（1）多参考范例，学习他人的制作技巧。

（2）注意多种材料的灵活运用。

（3）制作前，分好工，能提高制作效率。

（4）合理规划各个区域，注意比例要合适。

评价指标

本项目评价主体为学生本人、同学、教师，可依据下面的评价指标进行评价。

核心素养	一级指标	二级指标	表现标准	评价等级
劳动观念	明确劳动概念	在社会实践中对于劳动的认识	认识到人们的生活需要彩泥和纸雕塑艺术	☆☆☆☆☆
		在个体认知中对于劳动的认识	感受到彩泥和纸雕塑艺术的价值与创造的美	☆☆☆☆☆
	学会尊重劳动	对于身边劳动者的态度	尊重自己和他人的劳动，感受彩泥和纸雕塑作品制作者技艺的高超精湛	☆☆☆☆☆
		对于所获得的劳动成果的态度	能正确运用揉、捏、搓、折、卷、刻等技法，观赏彩泥和纸雕塑作品时不乱摸乱碰	☆☆☆☆☆
劳动能力	实践操作	实践思路	根据掌握的彩泥制作的基本步骤和纸雕塑制作的基本步骤进行实践	☆☆☆☆☆
		习得方法	1.掌握彩泥制作的基本技法和要领 2.掌握纸雕塑制作的基本技法和要领 3.能根据需要选择合适的制作方法	☆☆☆☆☆
		学习时长	能够在家庭中反复练习这些劳动技能并熟练掌握	☆☆☆☆☆
	实践技能运用	学会运用	1.能够根据实际生活需要，掌握彩泥和纸雕塑制作的相关工具的正确使用方法并进行操作技能训练 2.开展设计活动，用彩泥和纸雕塑作品为光谷"建造"美丽的花园	☆☆☆☆☆

核心素养	一级指标	二级指标	表现标准	评价等级
劳动能力	技能掌握	掌握知识	1.能够根据需要完成任务，并且熟练掌握技能 2.能熟练完成揉、捏、搓、压、贴、接操作，根据需要选择合适的技法 3.能熟练掌握折、卷、切、穿插、缠绕、组合等技法 4.根据不同情况选择合适的工具，完成光谷建筑作品的制作与创作	☆☆☆☆☆
		学习优化	能通过练习和实践发现要领和难点，找到比较优化的实践方法，并展示劳动成果	☆☆☆☆☆
劳动精神	在劳动过程中领悟劳动精神	勇于探索	遇到困难积极面对，探索解决问题的办法	☆☆☆☆☆
		一丝不苟	能够细致、认真地进行彩泥制作	☆☆☆☆☆
	体会劳动过程的独特意义	勤俭节约	在制作彩泥之前做好充分的准备，预估好用量，不浪费彩泥，不弄丢工具，保持环境卫生	☆☆☆☆☆
		坚持创新	在劳动中能举一反三，学会更多彩泥的制作方法和相关用具的使用，从而解决更多问题	☆☆☆☆☆

核心素养	一级指标	二级指标	表现标准	评价等级
劳动习惯和品质	养成良好的劳动习惯	自觉主动	能够用学到的彩泥制作和纸雕塑制作技能解决问题，愿意为班级和校园服务	☆☆☆☆☆
		持之以恒	正视失败，不轻言放弃，细心专注	☆☆☆☆☆
	培养良好的劳动品质	安全意识	能注意工具安全使用，能规范、安全、有效地进行相关彩泥制作和纸雕塑制作方面的劳动	☆☆☆☆☆
		全心全意	制作彩泥和纸雕塑的过程中能够从始至终保持认真的态度，保证彩泥作品的质量	☆☆☆☆☆

本主题设计案例由武汉市光谷第十二小学孔蓉、夏耘撰稿。

项目主题八　光谷建博寻访记

　　本项目主题是四年级下学期的课程内容，属于传统工艺制作范畴。通过探寻中国建筑博物馆，引导学生了解搭建中国传统建筑需要的基本材料和常用工具，指导学生按照要求和步骤进行简单的工艺体验和作品制作，能使用常用工具和基本材料进行简单的模仿和创意制作。通过对鲁班锁、斗拱套件的拼搭、硬山顶房子创意搭建、窗格的手工制作的实践探索，以及对拓印等传统工艺的体验，引导学生动手、动脑，大胆创新，养成主动思考、积极探究的好习惯，体验设计活动的乐趣，提高学生动手创作的能力，培养学生自主探究、小组合作的能力，使学生初步具有团队意识与协作意识，同时培养学生对传统建筑文化的兴趣，增强学生对中国传统文化和制作工艺传承的责任感。

项目目标

认知目标

　　（1）了解榫卯、斗拱的基本结构，懂得榫卯、斗拱的基本原理。

　　（2）通过学习屋顶、窗格、瓦当的基础知识，了解中国传统建筑材料的形状与色彩特征。

　　（3）通过瓦当拓印等方式，了解中国传统工艺的创作方法。

行为目标

（1）通过用瓦楞纸制作窗格等，让学生展开丰富的想象，用各种形状组合表现漂亮的建筑材料。

（2）通过自主拼搭、拓印等方式，使学生增加对瓦当的图案形态及色彩变化的基本认识，同时了解中国传统拓印方法。

（3）通过硬山顶房屋创意搭建，引导学生了解中国古建筑屋顶的奥秘，培养学生的空间想象力及动手实践能力。

（4）在动手操作的过程中，培养学生正确使用剪刀、瓦楞纸、胶水等简单工具的行为习惯，安全操作，卫生操作。

情意目标

（1）引导学生了解瓦当、窗格、屋顶等建筑材料的历史文化，感受建筑的美感，提高学生的观察力和审美能力。

（2）鼓励学生积极投入"做窗格"的实际创作中，自主设计造型，添加线条和装饰，鼓励学生表现个性，充分发挥学生的想象力和创造力。

（3）对瓦当、窗格、房屋模型作品进行赏评和比较，培养学生的审美感知力。

（4）使用可二次利用的材料进行手工制作，培养学生的环保意识，不浪费制作材料，精致生活，勤俭节约。

项目规划

项目 流程	课程内容	活动方式	课时 及场地	项目目标
明确 过程	1. 激趣导入：展示中国建筑博物馆的 图片和介绍视频，吸引学生的注意力 2. 揭示主题：光谷建博寻访记 3. 了解建筑的基本知识：基本的建筑 材料及变迁史；瓦当、屋顶、传统窗 格的发展历史；榫卯、斗拱的结构、 作用和特点等 4. 明确任务 （1）了解榫卯、斗拱的相关理论知识 （2）了解窗格、屋顶、瓦当的变迁史 （3）准备拼搭、裁剪、拓印、制作的 材料和工具 （4）选择自己感兴趣的项目 （5）规范使用工具 （6）对作品进行创意设计、再加工	自主探索 小组合作 交流 教师讲解	3 课时 教室	认知目标（1） （2）（3） 情意目标（1）
学习 步骤	1. 剪纸方法：准备材料、折叠纸张、 画出轮廓、裁剪展开 2. 拼搭方法：阅读手册、准备零件、 组合拼搭、检查完善 3. 拓印方法：清洁、贴连史纸、锤墨、 晾干取纸 4. 创意制作：草图构思、拼接剪贴、 上色装饰、完善美化	观察学习 设计	8 课时	认知目标（2） 行为目标（1） （2） 情意目标（4）
深入 实践	1. 根据教材的要求准备相关材料 2. 创意制作类作品：先画出设计图再 实践制作 3. 拼搭类作品：按照积木的拼搭手册 完成 4. 拓印、裁剪类作品：按照教师提供 的具体步骤实施 5. 对各种拼搭、创意制作类作品进行 展评、互评	实践操作 自我反思 成果展示	2 课时 课间或 者家中	认知目标（2） 行为目标（1） （2）（3）（4） 情意目标（2） （3）（4）

续　表

项目流程	课程内容	活动方式	课时及场地	项目目标
学会反思	1. 在设计制作或拼搭等过程中，遇到问题后充分利用所学知识尝试解决 2. 在实践活动中注重将学生自主探究与小组合作交流结合，以学生为主体，充分激发学生的兴趣，发展学生的长处 3. 在实践活动中，引导学生进行自我反思与自我改正 4. 在创意制作过程中，鼓励学生在相互交流和学习中获得技巧、创造力，大胆表现自己的想法 5. 培养学生发现美、创造美的能力，培养学生的创新精神和实践能力，践行社会主义核心价值观	总结交流	2课时	认知目标（1）（2） 行为目标（4） 情意目标（3）（4）

任务规程

任务一：走近斗拱

【认识斗拱】

1. 概念

斗拱，又被称为枓栱、斗科、铺作等，是中国传统建筑中特有的一种结构，主要用来连接柱、梁、桁等其他建筑构件。其中，斗指斗形木垫块，拱指弓形的短木。

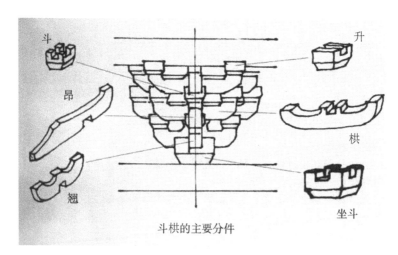

斗栱的主要分件

2. 结构

常见的斗栱结构是拱架在斗上，向外挑出，拱上再安斗，这样逐层纵横交错相互叠加，形成上大下小的稳固结构。

3. 作用

在不同的年代，斗栱所发挥的主要作用有所不同。最初的斗栱被独立地放置在柱子上，能够将梁的荷载传递到柱子上以分担屋檐的重量，也可被放置在挑梁外端以增加出檐的深度。明清以后，斗栱作为建筑构架的结构作用逐渐淡化，更多的是在柱网和屋顶构架间起装饰作用。

4. 意义

在中国木制构架建筑的发展过程中，斗栱曾起过重要作用，人们可以从它的发展变化中窥见中国传统木制构架建筑的演变过程，也可以依据它鉴别古代木制建筑的年代。

【了解斗栱的历史】

斗栱的产生和发展有着非常悠久的历史，从发掘出土的两千多年前战国时代的猎壶上镂刻的建筑花纹，以及汉代保存至今的墓阙、壁画上均能找到早期斗栱的痕迹。由斗栱的功能变化可知，它的发展主要经历了以下三个阶段。

第一阶段为西周至南北朝：从汉高颐阙、四川牧马山、山东高堂出土的汉明器陶楼上可以看出，柱顶有斗栱承托檩、梁或楼层地面枋，挑梁外端的斗栱承托檐檩，各个斗栱间互不相连。

第二阶段为唐代至元代：这个时期斗拱的主要特点是柱头斗拱所承托的梁较多是插入斗拱中的，使斗拱和梁能连接在一起，顺屋身左右横出的拱也和井干状的柱头枋交搭在一起。这时斗拱的作用已经发生了变化，不再是孤立地支承架或挑檐的构件，而是水平框架不可分割的一部分。

第三阶段为明代至清代：从明代开始，斗拱的尺寸逐渐缩小，间距加密，不再具有维持构架整体性和增加出檐的作用，主要用作装饰，用料和尺寸大为精简、缩小。

【典型的斗拱建筑】

1. 太和殿

太和殿为紫禁城内等级最高的建筑，面阔 11 间，进深 5 间，重檐庑殿顶，两柱之间的斗拱达八攒之多，下檐斗拱挑出四层，上檐斗拱挑出五层，是斗拱挑出层次最多的实例。其上下檐的拱都是镏金斗拱，是斗拱等级最高的实例。

2. 应县木塔

作为中国现存最高、年代最古老、保存最完好的木构塔式建筑，应县木塔位于山西省朔州市应县城西北佛宫寺内，始建于辽清宁二年，制作精巧，建造难度极高。应县木塔塔高达 67.31 m，呈平面八角形。全塔约使用红松木料

3 000 m³，重 2 600 多吨，最令人惊叹的是，此塔属于纯木结构，没有使用一钉一铆。

任务二：拼搭了解结构——手工体验活动

活动目的：通过动手拼搭，了解木制构架，遵循古建筑营造法式，在拼装过程中以微观视角品古韵，感受古建筑的魅力，同时增强动手能力，培养形象思维。

【拼搭斗拱积木的程序】

1. 准备材料

（1）斗拱积木套件。

（2）剪刀、胶水、颜料等。

2. 正确使用积木

（1）阅读拼搭手册，学习拼搭方法。

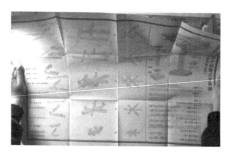

（2）找出需要的零件，按先后顺序摆好。

（3）四人为一小组，按照手册进行拼搭。

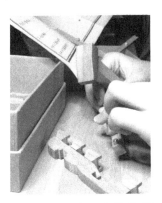

（4）对照样图，检查拼搭是否正确，完善作品。

（5）拼搭完成后用颜料装饰。

【拼搭积木的评价标准】

（1）制作中能参照手册，步骤规范。

（2）制作中注意工具的收纳和及时清洁。

（3）拼搭的积木结构紧实，无松散。

（4）外形、色彩美观，具有观赏性。

【拼搭积木的技巧】

（1）拼搭前把积木按照先后使用顺序整理出来。

（2）拼搭前先构思好形象。

（3）底层的积木一定要搭稳。

（4）如果拼装的是对称模型，可以同时搭配零件。

任务三：了解瓦当

【认识瓦当】

瓦当，又被称为瓦头，是覆盖建筑檐头筒瓦前端的一种遮挡，起着防水、排水、保护檐头的作用。后来，瓦当变成了一种更为出彩的艺术品。

【瓦当的发展】

不同历史时期的瓦当，有着不同的特点。起初的瓦当为素面，后来逐渐出现几何纹、花纹、动物图案甚至文字，从幻想中的猛兽饕餮，到自然中的飞禽走兽、花草树木，瓦当描绘了一个丰富热闹的世界。

瓦当纹路的发展：根据考古资料记载，瓦当大约出现在春秋晚期，起初瓦当表面的纹饰多为兽面纹，后来则普遍向卷云纹发展。

瓦当材料的发展：灰陶瓦当是最古老的瓦当，唐代以后出现了琉璃瓦当，颜色有青、绿、蓝、黄等，一般用于等级较高的建筑。到了宋元明清时期，金属瓦当出现了。

【瓦当的作用】

（1）实用性：防止风雨侵蚀橡檐，保护木构的屋架部分。

（2）装饰性：使房子美观气派。

任务四：画瓦当画

【创作瓦当画的程序】

1. 准备材料

瓦当、水粉或丙烯颜料、铅笔。

2. 画瓦当画的步骤

（1）构思：确定外形、图案内容。

（2）起稿：用铅笔在瓦当上画出设计稿。

（3）描绘：根据铅笔痕迹用水粉或丙烯颜料画出图案。

（4）涂色：用水粉或丙烯颜料涂出底色。

【瓦当画的评价标准】

（1）画面布局合理，线条流畅。

（2）内容具有一定的主题和情节。

（3）色彩丰富、饱满，搭配合理。

（4）作品要反映学生自己的生活经验。

（5）有一定的想象力和对生活的感受力。

【瓦当画的绘制技巧】

（1）选用贴合瓦当表面的颜料。

（2）通过剪、贴等方式对瓦当进行装饰。

（3）提前构思好瓦当上的图案。

任务五：瓦当拓印

【瓦当拓印的程序】

1. 材料准备

需要准备仿古瓦当、连史纸（又被称为"连四纸""连泗纸"，常用于书法、国画中）、鬃老虎、拓包、排刷、水盘、保鲜膜、墨。

2. 瓦当拓印的步骤

（1）在清洁后的瓦当上刷水，直至水不再快速渗干。

（2）将连史纸平贴在瓦当上，同时加盖一层保鲜膜，避免拓印时连史纸破裂。接着用鬃老虎捶打瓦当面，使连史纸与瓦当紧密相贴，敲打时力量须均匀。

（3）取下保鲜膜，等连史纸略呈泛白就上墨。两手各执一个拓包，左手拓包蘸墨，两拓包相互捶打，使墨均匀分布在拓包上。上墨时先在预备纸上试打，留下淡淡的墨迹，然后在连史纸上来回渐次密集捶打，直至瓦当全部上色。

（4）上墨结束后取下拓片，把拓片平面放置，自然晾干。

【瓦当拓印的评价标准】

（1）了解瓦当的历史文化，能简单清晰地讲述。

（2）工具准备齐全，拓印步骤准确。

（3）拓印的纹路清晰，无多余墨渍。

（4）拓印的纹路深浅均匀，有美感。

【瓦当拓印的技巧】

（1）将瓦片表面清理干净，并保持干燥。

（2）掌握上墨的技巧，墨要渐次加深，切不可一次过浓。

（3）揭拓片的最好时机是拓本八至九成干时，此时拓片不易破损且易取下。

任务六：认识榫卯——奇遇鲁班大师

【认识榫卯】

榫卯是在两个木构件上所采用的一种凹凸结合的连接方式，凸出的部分被称为榫或榫头，凹进去的部分被称为卯或榫眼、榫槽，榫和卯咬合，起到连接作用，这是中国古代建筑、家具及其他木质器械的主要结构方式。榫卯结构是榫和卯的结合，是木构件之间多与少、高与低、长与短之间的巧妙组合，可有效限制木构件朝各方向的扭动。

【认识鲁班锁】

1. 鲁班锁的起源

"鲁班锁"起源于中国古代建筑中首创的榫卯结构，不用钉子和绳子，完全靠自身结构的连接支撑，看似简单，却凝结着不平凡的智慧。

2. 鲁班锁的分类

鲁班锁包括好汉锁、鲁班球、孔明锁、连锁、丁香花、十八柱、潜伏锁、圆球锁、神龙摆尾、准心锁、六通锁、中字锁、回首锁、二十四锁、八面玲珑锁、酒桶锁、九通锁、九根锁、笼中取球锁、墙角锁、三通锁、十五通锁、十字锁、梅花锁。

【体验鲁班锁】

（1）准备多种不同类型的鲁班锁供学生自由选择。

（2）限时 30 min，让学生自由观察并探索鲁班锁的造型，同时尝试拼接。

（3）邀请学生分享观察、拼接鲁班锁的心得体会。

【解密鲁班锁】

1. 三通锁拼装方法

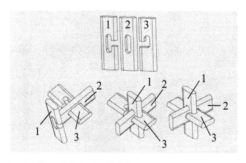

（1）给3根木条编号。

（2）将2号侧立，3号平置插入2号孔内。

（3）将1号立起来，大孔对准2号，小开口向后，平移至3号孔内。

（4）1号与2号一起向前推靠即可。

2. 墙角锁拼装方法

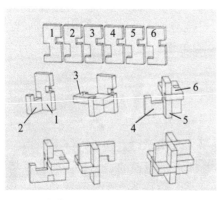

（1）墙角锁由6片S状木条组装而成，一个S状木条的尾与另一个S状木条的口是扣合的，给6片S状木条编号。

（2）1号立起来，2号侧立，1号尾与2号口相扣。

（3）3号平置，口与2号尾相扣，这是第一组。

（4）5号立起来，4号侧立，5号尾与4号口相扣，6号平置，口与4号尾相扣，这是第二组。

（5）第二组旋转，上边变成下边，与第一组的口和尾相扣即可完成拼装。

3. 心锁拼装方法

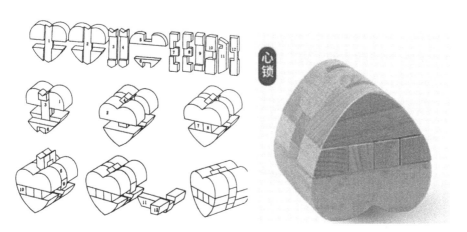

（1）心锁共有 12 根构件，编号 1 与 2，3 与 4，7 与 8 分别相同，且成对使用。

（2）3 号背向嵌入 1 号凹槽内，4 号背向嵌入 2 号凹槽内，6 号夹在两者之下尖角处。

（3）5 与 9 夹在两心之上边，外形吻合即可。

（4）7 与 8 相对，中间凹槽向下插入心形中间。

（5）3、4 共同升起，在 7 或 8 号侧边插入 10 号。

（6）12 号细腰处卡在 11 号凹槽内，呈 T 字状，一并插入 7/8 号孔内，推靠即完成拼装。

4. 九通锁拼装方法

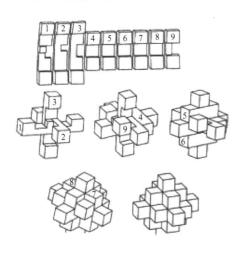

（1）九通锁由3根骨架木条和6根辅助木条组装而成。

（2）3根骨架木条各自有中心点，让三个中心点重合，骨架拼装完成。

（3）4号放在1号右边凹槽内，9号放在1号左边凹槽内。

（4）6号放在3号下边凹槽内，5号放在3号上边凹槽内。

（5）旋转9号，给7、8号让位，7、8分别在2号两端插入。

（6）旋转9号锁住，完成拼装。

【解密鲁班锁通用技巧】

（1）将鲁班锁的各个零件按照形状相同或相似的原则排列整齐，并编号。

（2）观察每个零件的凹凸规则，可以推敲多面，空间想象找出契合点。

（3）仔细观察，认真思考，分析其内部结构。

（4）确定拼合方法，进行简单的试拼。

（5）不断尝试更改，直到拼合成功。

任务七：中国古建筑屋顶的奥秘

【中国古建筑主要屋顶样式】

屋顶是我国传统建筑造型艺术中非常重要的构成因素，从古至今中国的建筑都突出屋顶的造型。我国古代建筑的屋顶样式十分丰富，变化多端，有硬山顶、悬山顶、歇山顶等。

1. 硬山顶

硬山顶由一条正脊和四条垂脊组成，只有前后两面坡，且屋顶在山墙墙头处与山墙平齐，没有伸出部分。由于其屋檐不出山墙，故名硬山，屋面多使用青瓦，较为简单和朴素。

2. 悬山顶

悬山顶由一条正脊和四条垂脊构成，与硬山顶相比，其屋顶是伸出山墙外的。伸出山墙之外的屋顶是由下方伸出的桁承托的。所以，悬山顶不仅有前后出檐，在两侧山墙也有出檐，故悬山又称"挑山""出山"。在古代，悬山顶只用于民间建筑。

和硬山顶相比，悬山顶有利于防雨，而硬山顶有利于防风火，因此南方民居多用悬山顶，北方则多用硬山顶。

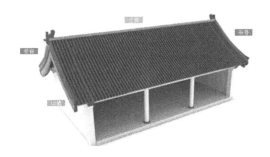

3. 歇山顶

歇山顶共有九条屋脊，即一条正脊、四条垂脊和四条戗脊，因此又被称为"九脊顶"。其正脊两端到屋檐处中间折断了一次，分为垂脊和戗脊，好像"歇"了一歇，故名歇山顶。

【硬山顶房屋制作程序】

（1）收集若干支一次性筷子，准备好小刀、胶水、A4 纸。

（2）在 A4 纸上画出房子示意图。

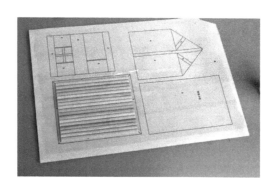

（3）使用小刀将筷子截成 10.5 cm 长的圆柱，共准备 17 根，使用胶水将 17 根 10.5 cm 长的圆柱粘成一个长方形。

 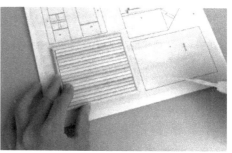

（4）使用小刀将筷子截成 12.5 cm 长的圆柱，共准备 4 根，将这 4 根 12.5 cm 长的圆柱围在长方形周围，并做好记号，对着记号切割 45° 角，切割好对齐边粘上。

（5）使用小刀将筷子截成 11 cm 长的圆柱，共准备 3 根；使用小刀将筷子截成 7 cm 长的圆柱，共准备 16 根；先固定 11 cm 圆柱，再在两边各粘 8 根 7 cm 长的圆柱。同样的步骤再做一块。

（6）使用小刀将筷子截成 7 cm 长的圆柱，共准备 2 根，将其粘在一起；使用小刀将筷子截成 2.1 cm 长的圆柱，共准备 10 根，上下各 5 根粘在一起；使用小刀将筷子从中间劈成两半，取一半薄竹片对着 5 根 2.1 cm 长的圆柱折断上下粘上。

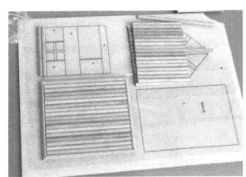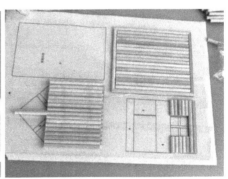

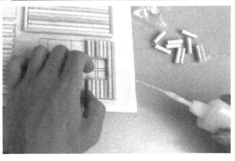

（7）使用小刀将筷子截成 7 cm 长的圆柱，共准备 4 根，将其粘在一起；使用小刀将筷子截成 2.1 cm 长的圆柱，共准备 6 根，将其粘在一起；使用小刀将筷子截成 7 cm 长的圆柱，共准备 2 根，将其粘在一起；使用小刀将筷子从中间劈成两半，取一半薄竹片对着 6 根 2.1 cm 长的门檐折断粘上；取 3 cm 长的圆柱对着窗户长度切割粘上。

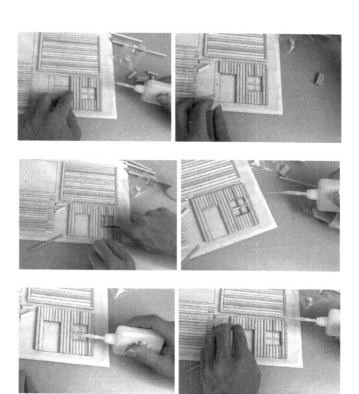

（8）使用小刀将筷子截成 7 cm 长的圆柱，共准备 19 根，将其粘在一块。

（9）使用小刀将筷子截成 8 cm 长的圆柱，共准备 50 根，每 25 根粘在一起，得到两块板，然后将这两块板上下粘在一起。

（10）把粘好的板取出来放好，取出粘好的这4块板，摆放好位置然后立起来粘上，粘好后再将底板粘上。

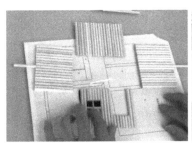

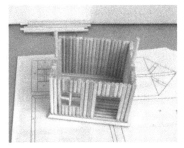

（11）使用小刀将筷子截成7 cm长的圆柱，准备1根，对好长度切割粘上。

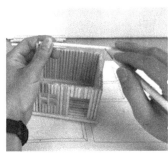
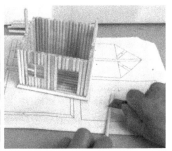

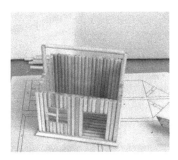

（12）取两片瓦顶对齐粘上，第一次滴胶水不要滴太多，因为接触面小，

滴多了胶水干不了，会粘不住，滴了胶水等十几秒胶水干后固定，再滴一次加固。

（13）使用小刀将筷子截成 12.5 cm 长的圆柱，准备 1 根，将其粘在两片瓦顶的中间。

（14）胶水干后将房子倒过来，在接触点滴上胶水固定。

（15）如果想让房子更牢固，可在屋顶两边的下方各加一根圆柱固定。

（16）使用小刀将筷子截成 3 cm 长、一头 45°角的圆柱，共准备 4 根，在两边粘上。

（17）清理多余的胶水，硬山顶房子就制作完成了，还可以根据自己的爱好将房子涂上喜欢的颜色。

【制作标准】

（1）正确规范使用工具。

（2）制作流程要规范合理。

（3）制作的硬山顶房屋结构合理，稳定性强。

（4）具有一定的美观性。

【制作技巧】

（1）制作之前先画出建筑草图。

（2）使用胶水加固的时候注意少量多次。

（3）使用小刀时注意安全。

（4）使用颜料和其他材料装饰房屋，让其看起来更加美观。

评价指标

本项目评价主体为学生、伙伴、教师，可依据下表的评价指标进行评价。

核心素养	一级指标	二级指标	表现标准	评价等级
劳动观念	明确劳动概念	在社会实践中提高对劳动的认识	认识到我们需要传承传统艺术	☆☆☆☆☆
		提高个体对劳动的认知	感受传统建筑工艺的价值与创造的美	☆☆☆☆☆
	尊重劳动	对身边劳动者的态度	尊重自己和他人的劳动，感受传统建筑工艺的高超精湛	☆☆☆☆☆
		对所获得的劳动成果的态度	能正确运用剪裁、拼搭、拓印等技法，观赏作品时不乱摸乱碰	☆☆☆☆☆
劳动能力	实践操作	实践思路	掌握鲁班锁、斗拱积木的拼搭思路	☆☆☆☆☆
		习得方法	阅读操作手册 明确制作思路 材料准备充分 不断修改完善	☆☆☆☆☆

核心素养	一级指标	二级指标	表现标准	评价等级
	实践技能运用	学习时长	能够在家中反复练习这些劳动技能并熟练掌握	☆☆☆☆☆
		学会运用	1.能够根据生活实际需要,掌握积木拼搭的方法并进行技能操作 2.设计活动计划,用手工作品开展"传统建筑材料展"	☆☆☆☆☆
劳动能力	技能掌握	掌握知识	1.能根据需要完成任务,并且熟练掌握技能 2.能熟练完成剪贴、拓印、拼搭,根据需要选择合适的技法 3.根据不同情况选择合适的工具,完成作品制作	☆☆☆☆☆
		学习优化	能通过练习和实践发现要领和难点,找到优化的实践方法,并展示劳动成果	☆☆☆☆☆

续　表

核心素养	一级指标	二级指标	表现标准	评价等级
劳动精神	在劳动过程中领悟劳动精神	勇于探索	遇到困难积极面对，探索解决问题的办法	☆☆☆☆☆
		一丝不苟	能够细致、认真地进行作品创作	☆☆☆☆☆
	体会劳动过程的独特意义	勤俭节约	在制作作品之前做好充分的准备，预估好材料用量，不浪费材料，不弄丢工具，保持制作环境卫生	☆☆☆☆☆
		坚持创新	在劳动中能举一反三地用学到的方法进行手工创作，能使用相关工具解决更多问题	☆☆☆☆☆
劳动习惯和品质	养成良好的劳动习惯	自觉主动	能够用学到的制作技能解决问题，愿意为班级和校园服务	☆☆☆☆☆
		持之以恒	正视失败，不轻言放弃，持之以恒，细心专注	☆☆☆☆☆
	培养良好的劳动品质	安全意识	能安全使用工具，能规范、安全、有效地进行手工制作	☆☆☆☆☆
		全心全意	制作作品的过程中能够从始至终保持认真的状态，保证作品的质量	☆☆☆☆☆

　　本主题设计案例由武汉市光谷第十二小学周苗苗、沈玉涵撰稿。

项目主题九　种植培育小工匠

项目推荐

　　本项目主题是五年级上学期的课程内容，属于农业生产劳动范畴。通过一系列贴近生活的实践活动，引导学生初步学会解决生产劳动相关问题的方法。学生通过小组合作、交流掌握种植培育的基础知识，了解几种本地常见的植物，并能将所学知识、积累的经验，运用到常见的植物培育过程中，从而体会动手实践带来的快乐，并丰富自己的课余生活，积累动手实践的经验。在培育植物的过程中，学生能够用自己的经验和审美，进行合理种植和修剪，将植物变得美观以便于装饰教室和校园。学生通过亲身实践，感受劳动带来的快乐，增强主人翁的意识，培养责任感和劳动精神，体会平凡劳动中的伟大，感悟工匠精神。本项目充分地将科学、美术等学科内容与劳动教育相融合，将书本上的知识充分运用到实践活动中，让学生在项目中形成良好的劳动意识与品质，具有良好的劳动能力。

项目目标

认知目标

（1）了解基本的种植培育知识，认识本地几种常见的植物。

（2）通过培育种植实践活动，了解植物的生长规律和特点。

（3）初步了解植物的种植步骤。

（4）了解有土栽培和无土栽培（水培）的区别以及种植方法。

（5）了解部分植物的历史，知道中国本土植物的发展历程。

（6）向学生渗透工匠精神，让学生知道工匠精神的六个维度：专注、标准、精准、创新、完美、人本。

行为目标

（1）初步认识和使用简单的种植培育工具。

（2）能够根据植物种类的不同，选择合适的培育方法和种植容器。

（3）在种植培育的过程中，学会分辨植物种类，并采用不同的种植方法。

（4）能够将学习到的种植方法，正确地运用到种植实践过程中。

（5）弘扬和践行"深耕细作、精雕细琢、精益求精"的工匠精神。

情意目标

（1）通过对植物的种植历史的了解，感悟我国古代劳动人民的勤劳、智慧，善于观察，重视实践，勇于创新，利用自然，改造自然的创造精神。

（2）培养学生对大自然的热爱之情。

（3）增强学生的创新精神和实践意识，锻炼学生的综合实践能力。

（4）在种植实践中使学生学会自主探索、小组合作、交流与分享。

（5）使学生树立热爱生活的态度，对工匠精神深怀崇敬之情。

（6）使学生对生产劳动产生浓厚的兴趣，能够感受劳动之美，并愿意用自己的双手创造美。

（7）使学生感受创造性劳动带来的无限快乐。

（8）倡导"专注、标准、精准、创新、完美、人本"的工匠精神。

项目规划

项目流程	项目内容	活动方式	课时及场地	项目目标
明确过程	1.激趣导入：讲解部分植物的历史，引起学生的学习兴趣 2.揭示主题：种植培育小工匠 3.了解关于种植培育的基本知识 4.明确任务 （1）了解种植培育的相关理论知识 （2）准备种植培育所需材料和工具 （3）选择自己感兴趣的植物 （4）严格按照种植程序培育植物 （5）正确规范地选择和使用合适的工具 （6）关注植物生长过程并对其进行管理	自主探索 小组合作 交流 教师讲解	3课时 教室	认知目标 （1）（2） （3）（4） （5） 情意目标 （1）（4） （6）
学习步骤	1.讲解种植培育相关知识。师生共同拟定探究的主题，按照主题导向和兴趣分成若干小组，个人探究，小组合作，全班交流 2.查阅后期管理相关知识 3.实际操作，掌握工具的正确使用方法	讲解 观察学习 设计	8课时	认知目标 （2）（4） 行为目标 （1）（2） 情意目标 （4）（6）
深入实践	1.根据自己的兴趣和学校的资源选择种植培育的品种及所需材料 2.设计出完整合理的种植培育程序及注意事项，并亲自实践 3.种植过程：先选种，再培育，最后进行后期管理 4.根据教师制定的种植培育方法进行检测和调整 5.各组对种植培育成果进行展评、互评	实践操作 自我反思 成果展示	2课时 课间或者家中	认知目标 （2）（4） （6） 行为目标 （1）（2） （3）（4） （5） 情意目标 （2）（3） （4）（5） （6）（7）

续 表

项目流程	项目内容	活动方式	课时及场地	项目目标
学会反思	1. 充分利用科学知识，将所学到的生物知识运用到种植培育实践活动中 2. 在实践活动中注重将自主探究与小组合作交流结合，以学生为主体，充分激发学生的兴趣，发展学生的长处 3. 在实践活动中，引导学生进行自我反思与自我改正 4. 在种植培育过程中，学生通过对自己培育的植物进行定时检测和后期管理，增强了责任意识 5. 培养学生发现美、创造美的能力，提高学生的创新精神和实践能力，践行社会主义核心价值观	总结交流评价	2课时	认知目标 （1）（2） （6） 行为目标 （4）（5） 情意目标 （3）（4） （5）（6） （8）

任务规程

任务一：了解种植培育知识

【种植培育知识学习程序】

（1）学习种植培育基础知识。

（2）按兴趣分组，可4～6人一组。

（3）整理相关知识、图片、报告，进行小组合作交流。

（4）根据教师的指导总结完善种植培育知识。

【种植培育知识学习标准】

（1）初步了解与种植培育有关的知识。

（2）能够将种植培育相关知识运用到后期的种植培育实践中。

【种植培育知识学习技巧】

（1）多看、多学、多练、多交流、多实践。

（2）正确规范使用常见的种植工具。

（3）遵守操作规则和种植步骤。

任务二：选择种植培育种类

（1）确定植物的种类：绿萝、大蒜、薄荷、豌豆、姜、小麦苗、土豆、仙人掌、萝卜。

（2）按照个人喜好和资源选择合适的种类种植。

（3）确定栽植方式（有土栽培、无土栽培）。

（4）选择合适的种植工具。

（5）确定种植培育步骤。

任务三：种植培育实践

【子任务 1：种植绿萝】

1. 绿萝种植培育前期准备

（1）材料准备：绿萝枝茎、肥料、土壤、清水、容器、水培专用肥。

（2）种植方法：有土栽培、无土栽培。

2. 土培绿萝种植培育程序

（1）时间。全年均可培育，最佳培育时间为每年的春季或者秋季。

（2）准备培养土。选取部分沙或者培养土，在阳光下晒 1～2 d 杀菌。

（3）选取枝茎。土培绿萝主要用扦插法，选取长势良好的绿萝枝茎，将其剪成 15～30 cm 的枝条，将基部 1～2 节的叶片去掉，注意不要伤及根须。

（4）栽种。将带根须的基部插入沙或者培养土中，深度约为整体长度的 1/3。

（5）浇水。插好之后浇足水，保持盆土湿润，放到阴凉的地方即可。

3. 水培绿萝种植培育程序

（1）时间。全年均可培育，最佳培育时间为每年的春季或者秋季。

（2）选取枝茎。选取长势健壮并带有根须的绿萝枝茎，将其剪成15～30 cm的枝条，将基部1～2节的叶片去掉，注意不要伤及根须。

（3）栽种。在器皿中加入自来水，存放1～2 d（主要为了释放自来水中的漂白粉等杀菌剂）。然后，将带根须的基部放入水中，让根部吸收水分和养分。

（4）施肥。在生长期间，将水培专用肥稀释后用小喷壶喷洒叶面施肥。

（5）换水。水培刚开始的前几天要注意换水，两三天换一次与室温相同的水。

（6）修剪枝茎。剪掉过长、紊乱的枝茎。

（7）修剪根系。要注意清洗、修理水培绿萝的根系，如果根系过长，要及时剪短，以免营养流失。根系如果腐烂发黏，也要及时清洗，剪去烂根。

4. 绿萝种植培育技巧

（1）光照。明亮的散射光即可，不喜阳光直射。在盛夏的强光下，叶面会出现白斑、黄斑、焦边、干尖或者日灼病害。在过于阴暗的环境中，绿萝会出现徒长、节间增长、叶片变小等症状。

（2）温度。对温度的适应性较强，室内温度即可。

（3）水分。春秋4～5 d浇一次，夏季1～2 d浇一次，冬季1～2周浇一次。

（4）施肥。入冬前，以浇喷液态无机肥为主，时间是15 d左右一次。

（5）绿萝桩。绿萝不结种子，剪些嫩壮的梢头苗即可成活。

（6）修剪整形。盆中间设立棕柱。整形修剪在春季进行。当茎蔓爬满棕柱、梢端超出棕柱20 cm左右时，剪掉其中2～3株的茎梢40 cm。

（7）肥料。生长期必须给足肥料营养。每隔半个月给绿萝施加一次稀释肥液。

（8）喷水。勤喷水，保持叶片湿润。

5. 绿萝生长过程

【子任务 2：种植大蒜】

大蒜是一种常用的食用佐料，有一定的药用价值，有益于身体健康。

1. 大蒜种植培育前期准备

（1）材料准备：种子、剪刀、土壤、少量农家肥。

（2）种植方法：有土栽培。

2. 大蒜种植培育程序

（1）选种。应选择瓣大、饱满、没有病菌、没有损伤的种蒜。

（2）时间。最佳播种时间是秋天，春天播种的蒜头个头会较小。

（3）准备土壤。选用透气性好、保水保肥能力强、养分多的土壤。

（4）种植。可以直接种植，将蒜瓣掰开，分别种在土里，上面覆盖一层薄土。

（5）浇水追肥。白天温度为 20℃，夜间温度不超过 15℃，一般播种后一周就能出苗。等到幼苗生长旺盛期，有黄叶时，要追一遍肥，用农家肥喷施一遍。

3. 大蒜种植培育技巧

（1）病害。"叶枯病"是大蒜主要的病害，可用百菌清防治。还可能有"疫病"，可用乙铝·锰锌防治，而且还需要调控水肥。

（2）虫害。草木灰可有效防治虫害。

（3）温度。18～26℃最为适宜，冬季可耐 −5℃低温。

（4）湿度。及时清除杂草，保持土壤湿度。

（5）光照。每天需要 10 h 左右的光照，短日照可使它的茎和叶徒长。

（6）浇水。土壤半干时需要及时补水。

（7）施肥。底肥为主，适当追肥（追肥不宜太多）。

（8）修剪。在大蒜的成长期需要适当修剪一下。

4. 大蒜生长过程

【子任务 3：种植薄荷】

1. 薄荷种植培育前期准备

（1）材料准备：薄荷种子或薄荷枝条、土壤、肥料、营养液、水、生根粉、小喷壶、剪刀、花盆。

（2）种植方法：有土栽培、无土栽培。

2. 土培薄荷种植培育程序

（1）种子种植法。

①时间。四季皆可。

②选种。可以在网上购买薄荷种子。

③种植。花盆里装上花土，大约七八分满，将花土晒一两天，均匀铺洒种子。

④浇水。种子上均匀铺薄薄的花土，然后用喷壶向花盆内喷水，浸透土壤就可。

⑤发芽。将花盆放在温暖、避免阳光直射的地方，保持土壤湿润。

⑥护理。种子发芽之后用清水兑一些生根粉，用喷壶均匀喷洒。

（2）扦插法。

①时间。春季 5～6 月进行土壤扦插最好。

②选枝。选取健壮的薄荷枝条，先将底部剪掉，然后削成一个斜面。

③发芽。将薄荷枝条泡在生根水中，取出晾干。再将薄荷枝条放入清水中，每天更换一次清水，等到枝条长出根部，再转入土培。

④选土。一般土壤均能种植。

⑤种植。种植在砂质土壤里，注意种植时不要破坏根系，每月追施 1 次肥料。

⑥翻土和修剪。每年春季翻盆换土时，可分离出大量的植株。平时保持盆土偏湿，经常修剪，越剪越茂盛，叶子可以用来泡茶。

3. 水培薄荷种植培育程序

（1）时间。秋季 9～10 月。

（2）选枝。先选取一个健壮的薄荷枝条，清理掉枝条下部的叶片。

（3）备水。准备一瓶自来水，放置两三天（用来消散自来水中的氯气）。

（4）发芽。直接把处理好的枝条放置水中，水位一定要没过薄荷的一个枝节。

（5）及时换水。一般 3 d 左右换一次水。

（6）施肥。使用营养液施肥最为方便。

4. 薄荷种植培育技巧

（1）光照。薄荷喜阳，日常搬到光照充足的地方，多晒太阳有利于植株茎叶紧凑。

（2）温度。薄荷喜暖，冬季要将盆栽搬到室内养护，保证养护温度在 0℃以上。

（3）浇水。薄荷喜水，也不能让土壤长期处于潮湿状态，不然薄荷很容易黑腐。

（4）换水。水培时每周换一次水，保持瓶子和整枝薄荷清洁，水中可加入营养液。

（5）施肥。在薄荷的生长期，可以每隔半个月给植株浇灌一次肥水。

5. 薄荷生长过程

【子任务 4：种植豌豆】

1. 豌豆种植培育前期准备

（1）材料准备：底盘、纸、水、豌豆种子、花盆、土。

（2）种植方法：有土栽培、无土栽培。

2. 水培豌豆种植培育程序

（1）时间。初春或初夏时节。

（2）选种浸种。选择健康饱满的豌豆，放入清水浸泡，一般夏天 8 ～ 12 h，春秋 12 ～ 16 h，冬天 24 h。

（3）催芽。在种子上面铺纸，喷水保湿，放置于适当通风处，避光催芽。

（4）换水。底盘每日换一次水，以免水变质。

（5）收割。当苗高 15 cm 左右时收割，收割前可以适当晒晒太阳。

3. 土培豌豆种植培育程序

（1）时间。初春或初夏时节。

（2）选种。豌豆种子可以直接去菜市场购买，把坏掉的种子筛选出来。

（3）选盆备土。任何形状的花盆都可以种植，把土整平，浇水使土保持湿润。

（4）播种。把豌豆种子均匀撒在土上。

（5）催芽。轻轻盖土、浇水，直至泥土湿润。

（6）管理。过几天种子开始发芽，发芽后注意肥水管理。

4. 豌豆种植培育技巧

（1）选用良种。选择适应性强、产量较高的品种。

（2）种子处理。播种前晒种 1 ～ 2 d，提高种子发芽率和发芽势。

（3）播种时间。9 月中下旬～ 10 月初播种最为合适。

（4）发芽时需要大量的水，吸水量相当于自身重量的 1 ～ 1.2 倍，保证水分充足。

（5）病虫害。鸟类会啄食幼苗，种子会被老鼠啃噬，要设置防护网，安插交错的小树枝。白粉病和霜霉病是常见的病害，夏季会加速恶化。

5. 豌豆生长过程

【子任务 5：种植姜】

1. 姜种植培育前期准备

（1）材料准备：生姜种姜、饼肥、三元复合肥、氮肥、钾肥、沙壤土。

（2）种植方式：有土栽培。

2. 姜种植培育程序

（1）时间。春季的温度适宜，有利于生姜后期的生长发育。

（2）催芽。

①在播种前 20 天左右开始催芽，使生姜保持一定的湿度，姜芽长出 0.5 ～ 1 cm 时，即可分批栽植。

②姜块用手掰开，也可用刀切开，每个姜种保留 1 ～ 2 个饱满芽，伤口可用草木灰涂抹，必要时进行杀菌处理，避免姜种腐烂。

（3）合理施入底肥。将合适的肥料和土壤混合均匀后翻入土壤。

（4）播种。播种前浇足底水，水分下渗以后进行排姜。将种芽向上摆放，但最好选择平摆，既方便操作又方便收获。覆土厚度为 4 ～ 5 cm。

（5）管理。出苗以后开始浇水，在生姜苗长到 25 cm 时进行第一次追肥，以氮肥为主。当生姜块根快速生长时进行第二次追肥，以钾肥为主。

3. 姜种植培育技巧

（1）选土。选择土层深厚、保水保肥、土质肥沃、透气性好、有机质丰富的沙壤土种植生姜。

（2）选种。选留肥壮、无病虫、无腐烂、无损伤、芽头饱满、个头大小均匀、颜色鲜亮、未受冻的姜块做姜种。

（3）选择播种时间。土壤温度超过16℃时播种最佳，不宜过早或过迟。

（4）施肥。生姜属于忌氯作物，不宜施入氯化钾等含氯肥料。

（5）病虫害防治。及早预防，有针对性地进行防治。

（6）及时收获。可以采收娘姜、嫩姜和老姜，根据需要选择。

4. 姜生长过程

【子任务6：种植小麦苗】

1. 小麦苗种植培育前期准备

（1）材料准备：有排水孔的任何器皿、土壤、小麦种子、肥料、喷壶。

（2）种植方式：有土栽培。

2. 小麦苗种植培育程序

（1）准备器皿。可用普通花盆、浅底脸盆或有排水孔的任何器皿种植。

（2）准备土壤。用松软、透气、肥沃的土壤栽培。

（3）处理种子。选用健康饱满、不含杀虫剂的种子。

（4）播种入土。将小麦种子均匀地撒在土壤表面，覆盖薄土，并浇水保湿。

（5）追肥。小麦苗对环境的适应能力强，耐旱、耐寒，在生长旺季适当追肥。

3. 小麦苗种植培育技巧

（1）将健康无病的小麦种子浸泡10 h左右，然后铺在泥土或湿润的纸巾上。

（2）不要把一堆种子都种在一起，因为每粒种子都需要有自己的生长空间。

（3）小麦发芽1 cm左右时即可揭开覆盖物让苗见光。

（4）放在通风阴凉的地方，培养期间还要注意喷水补充水分。

（5）第一次浇水要浇透，4 d左右浇第2次水，以后每两天喷一次水。

（6）不要把小麦苗放在阳光直射的地方。

4. 小麦苗生长过程

【子任务7：种植土豆】

1. 土豆种植培育前期准备

（1）材料准备：土豆种子、草木灰、松软透气的土壤、氮肥。

（2）种植方式：有土栽培。

2. 土豆种植培育程序

（1）时间。初春或者仲夏季节。

（2）土豆挑选。选择个头大、圆润饱满、芽眼粗的土豆种子。

（3）切块。每一个土豆种子都会有一个顶部和尾部，顶部的芽眼是最佳的。

（4）催芽。在土豆切口的地方撒上草木灰，然后把它放在稍微潮湿一点儿的地方。

（5）施底肥。在土豆催芽期间，把准备种植土豆的土壤翻整一遍，同时根据土壤的肥沃程度，施入适量的肥，然后搅拌均匀，增加种植层的土壤厚度。

（6）种植土豆。首先挖出种坑，然后往坑中撒入肥和草木灰，接着撒入薄薄一层泥土，稍微把肥覆盖住，把土豆块种植下去，芽眼朝上，待土豆出苗后再培土。

（7）追肥。当土豆苗长到 15 cm 以上，叶子很多时，开始追肥。

3. 土豆种植培育技巧

（1）当土豆苗长到 10 ～ 15 cm 的时候，需要及时疏苗，把其中的弱苗齐根剪掉，留下 1 ～ 2 株壮苗。

（2）在土豆催芽期间，把准备种植土豆的土壤翻整一遍，土壤应松软透气。

（3）在种植土豆的时候，尽量用草木灰施肥。

4. 土豆生长过程

【子任务8：种植仙人掌】

1. 仙人掌种植培育前期准备

（1）材料准备：仙人掌种子、排水性良好的土壤、容器、透明的盖子（比如保鲜膜）、大盆。

（2）种植方式：有土栽培。

2. 仙人掌种植培育程序

（1）时间。春季种植最为适宜。

（2）选种。从现有的仙人掌上摘下种子或者从商店购买优质仙人掌种子。

（3）种植。将种子种在排水性良好的土壤中。

（4）晒太阳。光照不需要强烈持久，但是每天都要有几小时的强光照。

（5）通风。

3. 仙人掌种植培育技巧

（1）对仙人掌来说，要使用排水性良好的土壤，这一点非常重要。也可以使用具有特殊排水系统的高质量盆栽土，它主要含有浮石或花岗岩。

（2）仙人掌完全成熟后，根据实际情况开始移栽。

（3）如果土壤没有经过巴氏消毒（包装袋上一般注明是否消毒），可以将土壤放入150℃的烤箱内加热半小时。它可以杀死土壤中的任何害虫或病原体。

（4）切忌浇水过多，防止腐烂。

（5）热带仙人掌需要温度恒定的温暖环境。

（6）移栽时，用耐磨手套或铁锹从土壤中移出整株植物，包括根系等。

将它种植在新的大容器中，容器内土壤类型相同，轻拍仙人掌周围的土壤，然后浇水。

（7）慢慢增加光照可以解决黄化问题。

（8）使用杀虫剂后，限制阳光直射量以避免光中毒，可以将仙人掌放在阴凉处几天，直到油性杀虫剂挥发殆尽，再将仙人掌重新放置在阳光下。

4. 仙人掌生长过程

【子任务9：种植萝卜】

1. 萝卜种植培育前期准备

（1）材料准备：萝卜种子、土壤、盆、堆肥、铲子、喷壶、覆膜、富含钾和磷的肥料。

（2）种植方式：有土栽培。

2. 萝卜种植培育程序

（1）时间。四季均可种植，多数地区以秋季栽培为主。

（2）散播种子。将种子尽可能均匀地散布在备好的土壤中。

（3）疏苗。发芽时，将成功种植的幼苗间隔扩大至 5 cm，保证幼苗不要拥挤。

（4）浇水。每天需要为萝卜至少浇水两次。

（5）覆膜。当植物长到 12 cm 左右时，在叶子周边添置一层 5 cm 厚的覆膜。

（6）施肥。每月施用一次温和的有机肥，使萝卜根部更强壮。

（7）除草。不要使用除草剂。

3. 萝卜种植培育技巧

（1）播种后，确保种子都被均匀浇灌。

（2）改善土壤条件。用耙子或铲子松土，然后混合一层 5 ～ 10 cm 的堆肥。

（3）萝卜每天至少要接收 6 h 的太阳直射。

（4）种子萌芽时，土壤温度要平均保持在 4℃。

（5）注意害虫和真菌。

4. 萝卜的生长过程

任务四：后期管理

【后期管理程序】

（1）虫害：合理预防，及时救治。

（2）肥料：合理追肥，保证健康生长。

（3）浇水：土培植物定期定量浇水；水培植物定期换水。

（4）光照：喜阳植物保证充足光照；喜阴植物避免强光直射。

（5）翻土：定期翻土，保证土壤肥沃。

（6）移栽：根据植物生长情况合理选择移栽时间，并选择合适的容器。

（7）修剪：定期修剪，合理疏枝。

【后期管理标准】

（1）按照后期管理程序严格监控植物生长进度。

（2）合理使用工具对植物进行维护。

【后期管理技巧】

（1）遵循植物生长规律。

（2）选择最佳种植时期。

（3）修剪时注意美观。

任务五：制作创意花盆

【制作创意花盆的程序】

（1）准备材料：饮料瓶、奶粉罐、颜料、黏土、绳子、美工刀、胶枪。

（2）开始制作：首先，选取容器（尽量选择可回收的材料）；其次，根据植物生长要求和特点，选择适当的容器（部分需要沥水的可在底部打孔）；最后，将花盆内部清洗干净并进行加固以便于后期种植。

（3）美化外观：制作完成后，对花盆的外观进行装饰，可用颜料对花盆进行改色和绘画，用黏土制作一些装饰物来装饰外观。

【制作创意花盆的标准】

（1）实用性，花盆制作要结实耐用，适合种植。

（2）美观性，花盆外观要符合一定的审美。

（3）安全性，制作过程要注意工具使用安全。

（4）装饰性，花盆制作完成后可以装饰校园、教室和家。

（5）展示性，花盆彰显植物自身的特点和原生态的美。

【制作创意花盆的技巧】

（1）多利用身边资源，做出更好的创意花盆。

（2）花盆要有利于所种植植物的生长，并和所种植的植物颜色和谐统一。

【创意花盆制作示例】

（1）塑料瓶改造。

（2）酸奶瓶改造。

（3）易拉罐改造。

评价指标

本项目评价主体为学生、学生所在小组其他成员和教师，可依据下表的评价指标进行评价。

核心素养	一级指标	二级指标	表现标准	评价等级
劳动观念	明确劳动概念	在社会实践中提高对劳动的认识	通过了解植物种植的发展历史，体会人与自然的和谐共生，认识劳动创造历史、劳动创造美好生活的道理。感受我国古代劳动人民的勤劳、智慧与伟大，致敬当代为农学事业奋斗的农业科学家	☆☆☆☆☆
		提高个体对劳动的认知	通过参与种植和花盆的制作，感受劳动带来的快乐，在实践过程中发现美、创造美，懂得生产劳动的平凡与伟大	☆☆☆☆☆
	尊重劳动	对身边劳动者的态度	明白职业没有高低贵贱之分，尊重和热爱为社会做出贡献的每一位劳动者	☆☆☆☆☆
		对所获得的劳动成果的态度	爱惜花草树木，不随意踩踏、损坏植物	☆☆☆☆☆

续　表

核心素养	一级指标	二级指标	表现标准	评价等级
	实践操作	实践思路	种植培育植物的程序正确	☆☆☆☆☆
		习得方法	知道种植培育的方法与技巧	☆☆☆☆☆
		学习时长	从材料的准备，到品种的选择，再到种植培育实践、后期管理都要持续监测	☆☆☆☆☆
劳动能力	实践技能运用	学会运用	1.种植植物和制作创意花盆装饰学校，为学校美化做贡献 2.自己动手实践操作，体验劳动创造带来的快乐、幸福，同时感受工匠精神 3.能够正确规范地使用工具 4.收集身边的各种资源，以帮助完成活动 5.通过向教师请教、同伴帮助和网络搜索，不断解决在种植过程中遇到的问题	☆☆☆☆☆
	技能掌握	掌握知识	1.按照种植培育实践程序完成种植并获得相应的技能 2.加强后期管理	☆☆☆☆☆
		学习优化	用笔记录盆景制作后植物的变化，做好后期管理，及时反思，发现问题，及时解决。不断充实与完善	☆☆☆☆☆

核心素养	一级指标	二级指标	表现标准	评价等级
劳动精神	在劳动过程中领悟劳动精神	虚心学习	实践中耐心、专注，乐于奉献	☆☆☆☆☆
		一丝不苟	专注、创新、精益求精	☆☆☆☆☆
	体会劳动过程的独特意义	实践探索	自主探索，脚踏实地地进行实践活动，并用自己的劳动成果装点学校，美化环境	☆☆☆☆☆
		坚持创新	通过实践掌握种植培育知识与技能，查找相关资料进一步完善自身知识体系，进行创新创造实践活动	☆☆☆☆☆
劳动习惯和品质	养成良好的劳动习惯	自觉主动	主动参与，自主探索，小组合作	☆☆☆☆☆
		持之以恒	自始至终对植物负责，不要中途放弃	☆☆☆☆☆
	培养良好的劳动品质	规范意识	严格按照种植程序进行实践，正确规范地使用工具	☆☆☆☆☆
		认真落实	坚持定期观察植物生长情况，做好病虫防治和记录	☆☆☆☆☆

本主题设计案例由武汉市光谷第十二小学汪钦、熊丽亚撰稿。

项目主题十 蔬菜水果巧经营

本项目主题是五年级下学期的课程内容，属于劳动实践范畴。五年级上学期学生已经种植了各种各样的植物。秋天是丰收的季节，采摘下的果蔬可被加工为鲜榨果汁、水果捞、蔬菜沙拉、果蔬冷泡茶等，并通过义卖、摆摊、网络销售等渠道出售。在制作、销售这些产品的过程中，引导学生生活联系实际，运用知识、技能以及互联网等工具，锻炼学生的营销能力、生活能力、规划能力，树立正确的劳动价值观，增强独立意识，养成独立自主的劳动习惯，培养不惧困难、不怕失败、反复尝试的精神。

项目目标

要想做好蔬菜水果经营活动，必须要有充足的准备。因此，该项目要求学生亲自种植、采摘蔬菜水果，可将部分蔬菜水果加工成水果捞、鲜榨果汁等，再将这些直接产品或者二次加工后的产品通过多种渠道销售出去，并在此基础上建立生产经营和社会实践生命周期的模型。

认知目标

（1）学习常见果蔬食品的营养知识，了解各类可食用果蔬的形态特征。

（2）了解榨汁机的使用方法，学习简易烹饪技巧，尝试制作水果捞、鲜榨果汁等美味食品。

（3）了解水果捞、果蔬冷泡茶的评价标准。

（4）在实践活动中能发现实际问题，解决实际问题。

行为目标

（1）能够通过现场观察、询问、查阅文字资料等科学方法，了解制作水果捞、果蔬汁、果蔬冷泡茶的相关知识。

（2）以小组为单位，分析购买群体，设计有吸引力的广告语，制定蔬菜水果经营方案，通过多种渠道如义卖、网络营销、以物换物、超市促销、社区摆摊等出售果蔬及二次加工产品，锻炼学生的营销能力、生活能力和规划能力。

（3）采取多种评价方式，如开展小组民主自评、小组成员互评、师生互评、家长互动评价，并通过小组间交流学习经验，优化校园蔬菜水果采摘、经营方式，让学生切身体会通过劳动实践获得产品、收入的集体喜悦感和社会满足感。通过各种丰富、有趣的创新实践活动全面提高学生的核心素养。

（4）能举一反三、触类旁通，灵活运用所学知识创新水果蔬菜经营之道。

情意目标

（1）通过采摘蔬菜水果活动，让学生感受秋天大丰收的喜悦。

（2）能有始有终地参与蔬菜水果经营的过程，乐于帮同伴分担，培养与他人交流、合作的能力。

（3）体会父母劳动、工作的艰辛和不易，尊重父母及他人的劳动成果，体会父母工作背后的不易，激发好好学习的动力，天天向上的正向情感。

项目规划

项目流程	课程内容	活动方式	课时及场地	项目目标
明确过程	创设情境，揭示主题：一分耕耘一分收获，上学期学生将一些水果和蔬菜种植在学校的适尔之畦，采摘来的果蔬较多，学生可以将这些水果蔬菜通过多种途径出售，换取一定的报酬，再拿出部分报酬购买明年的种子和秧苗，开展"蔬菜水果巧经营"活动 梳理任务：梳理日常生活中常见的果蔬以及简易加工方法，以小组为单位，确定果蔬经营方案，确立核心任务 交流解决方法：问有经验的身边人，通过网络、书籍查找资料，制定活动方案，反复认真实践	资料收集 考察探究 交流讨论	2课时 学校 家庭 图书馆	认知目标(1)(2) 行为目标(1)
学习任务	任务一：了解正确采摘水果和蔬菜的方法 任务二：了解果蔬简易加工方法，对果蔬进行二次加工，学习制作水果捞和果蔬冷泡茶 任务三：了解经营销售果蔬及其副产品的渠道和方法	考察探究 设计策划	6课时	认知目标(2)(3) 行为目标(1)(2)
深入实践	1. 正确采摘果蔬，正确使用水果刀及水果削皮器，熟练操作榨汁机 2. 充分准备所需的工具、食材，提前对果蔬进行预处理，并于操作前再次检查确认 3. 初次制作以少量多次为原则，即每次制作的量要少，逐渐摸索出适合的用量 4. 在超市、社区、互联网上销售产品	体验	1课时	认知目标(3)(4) 行为目标(3)(4) 情意目标(1)
学会反思	1. 交流实践过程，分享其中的技巧、经验 2. 分享劳动成果，互相评价，提出建议 3. 总结经验再实践	交流 汇报 评价	3课时 学校	认知目标(3) 情意目标(1)(2)

任务规程

任务一：正确采摘果蔬

【采摘时机】

严格根据果品采收相关标准确定采摘时机。

【采收方法】

首先，准备好采摘工具（如果篮、果筐、果梯）和运输工具等。

其次，正确采摘果蔬。采摘水果的基本操作要领是像握鸡蛋那样握住水果，食指压把（柄）往上掀，右手采果左手接，轻轻放入果篮。

任务二：正确使用加工工具对果蔬进行再加工

【使用普通榨汁机】

务必将榨汁机刀具安装牢固，插上电源，确定电源线和电源口接触良好。

【使用水果刀】

水果刀可以用来削皮，还可以将水果切块。

【使用水果削皮器】

削皮器是厨房工具，用于去除一些水果、蔬菜的皮，如土豆、胡萝卜、苹果和梨等。

任务三：将果蔬加工成水果捞和果蔬冷泡茶

【水果捞】

需要准备的材料有各类水果、淡奶油、冰糖。首先打开一个干净的容器，放入适量的清水和一勺冰糖，搅拌使冰糖溶化。其次放入 100 mL 左右的淡奶油，再放入 200 mL 左右的纯牛奶，搅拌均匀后做成牛奶糖水混合物，放入冰箱内冷藏半小时左右。最后把各类水果切丁备用，半小时后取出牛奶糖水混合物，在牛奶糖水混合物中放入水果丁，搅拌一下就可以吃了。

【果蔬冷泡茶】

下面介绍两种常见的果蔬冷泡茶。

百香果蜂蜜冷泡茶：先将百香果剖开，挖出里面的果肉投入干净的玻璃瓶中，并加入茉莉花茶和蜂蜜，倒入山泉水搅拌均匀，之后将装有冷泡茶的玻璃瓶放入冰箱中冷藏，6～8 h 后即可饮用。

桃子柠檬冷泡茶：先将桃子和柠檬用清水洗净，去皮切块，放入破壁机中加水榨汁，并往玻璃杯中投入绿茶，倒入少许桂花酒，等果汁榨好后，倒入玻璃杯中拌匀，放入冰箱中冷藏 24 h。

任务四：果蔬巧经营

以班级为单位，班主任介绍常见水果和蔬菜的营养价值，科普水果和蔬菜经过简易加工后可成为水果捞、果蔬冷泡茶等，号召学生进行水果蔬菜巧经营活动，划分小组，小组内头脑风暴，确定果蔬营销方案，包括确定目标消费人群，以什么形式进行营销，在哪里销售，营销哪些产品，设计营销小店的招牌等。

【果蔬目前的营销状况】

随着我国经济的快速发展，人们物质生活水平的提高，人们对食品安全的要求越来越高，健康饮食意识越来越强。这促进了绿色果蔬制品的销售。

在国内，绿色蔬菜主要集中在商场超市的绿色果蔬专柜上销售且市场销售价格一般较高。在农贸市场中，专门经营销售有机健康绿色蔬菜的品牌店寥寥无几。绿色蔬菜产品还未得到较好的宣传和销售。

【SWOT 分析】

1. 知识链接

从整体看，SWOT 可以分为两部分：第一部分为 SW，主要用来分析内部条件；第二部分为 OT，主要用来分析外部条件。利用 SWOT，人们可以找出对自己有利的、值得发扬的因素，以及对自己不利的、要避开的因素，发现存在的问题，找出解决办法，并明确以后的发展方向。SWOT 可以根据轻重缓急对问题分类，明确哪些是亟须解决的问题，哪些是可以暂缓的事情，哪些属于阻碍战略目标实现的障碍，哪些属于战术问题，并将这些研究对象列举出来，排列成矩阵形式，然后用系统分析法将各种因素进行匹配，进而得出一系列结论。这些结论通常具有一定的决策性，有利于管理者做出正确的决策。

SWOT 方法的优势在于用系统的思想将一些似乎独立的因素匹配起来进行综合分析，使企业战略计划的制定更加科学、全面。

2. 果蔬 SWOT 分析

各小组调查讨论，并填写下表。

果蔬 SWOT 分析
优势
劣势
机会
威胁
营销定位
产品策略
销售策略
我的广告语

【我的果蔬经营计划】

1. 以物换物

学生、教师、家长之间可以开展以物换物的活动，用学校蔬菜水果基地的产品通过以物换物的形式换取更有价值的东西，再在二手市场或以物换物网站将其兑换成人民币，交给学校作为第二年学校蔬菜水果基地的经营资金。

以物换物的场地可以选在校园内，利用大课间在师生之间进行，也可以在放学的前一节课在校门口邀请家长参与。

2. 社区摆摊

周末，学生可以在社区门口摆摊，并打出横幅或利用小喇叭叫卖。宣传卖点：学生在学校蔬菜水果基地种植的绿色蔬菜。展板上展示学生在学校蔬菜水果基地辛勤劳动时的身影和笑脸。

学生摆摊叫卖亲手种植的果蔬，这一行为本身就会吸引社区的叔叔、阿姨，相信学生在叫卖中能顺利卖出自己的产品。

学生自主实施这一活动时，要选择在小区安全的地带。旁边最好有两位家长，以防止发生突发事件。

3. 义卖

义卖是指个体或团体将自己的东西售卖出去，然后把所得的钱款捐给需要帮助的人。学生亲手种植的果蔬及其加工品可以采取义卖的形式进行销售，然后把赚取的钱捐给需要帮助的人或地区。

（1）主题确定。首先调查现实生活中哪些人需要帮助，例如贫困地区的小朋友、身患重病无力诊治的人。

发动全班同学和家长一起讨论义卖的主题，然后共同投票确定主题。

（2）活动准备。

①每个参加义卖活动的人员要先定好出售物品的价格，并贴好标签，价格要合理。

②准备好活动标语牌或宣传海报。

③提前确定好售货员、推销员、环保宣传员、市场管理员、广告策划制作员、小媒体记者等。

④在活动前一周，班主任对售货员、推销员、市场管理员，进行上岗培训并考核，要求这些人员佩戴有考核分值的统一标志（发动学生自己设计具有特色的标志牌，班主任提前审核）。

⑤每次义卖活动举行前，班主任要对学生进行一次主题为"红领巾义卖"的晨诵会，十分钟左右，教育学生有序（不跑、不追、不挤）、守纪（不大声喧哗）、文明（不强买强卖）、卫生（不乱丢垃圾）。

（3）活动实施。提前利用微信、QQ群或其他方式做好广告宣传。联系好社区工作人员和城管。在义卖时，家长志愿者和教师要在旁边巡查，以保证学生的安全。

4. 网络营销

（1）直播带货。直播带货是指利用互联网平台、直播技术展示产品、咨询答疑、导购销售的新型服务方式。可以让学生扮演主播，体会网络营销所带来的快乐和利润。

（2）电商平台。为淘宝或其他电商平台的注册卖家的家长可以辅导学生在淘宝或其他电商平台上卖出自己种植的果蔬。

提前要设计好店铺，设计好广告语。主打学生种植、绿色种植。

（3）微信营销。微信营销是网络经济时代的一种企业或个人营销模式，是伴随着微信而兴起的一种网络营销方式。微信不存在距离的限制，用户注册微信后，可与周围同样注册微信的"朋友"产生一种联系，订阅自己所需的信息。商家通过提供用户需要的信息，推广自己的产品，从而实现点对点的营销。

评价指标

本项目评价主体为学生、伙伴、教师和家长，可依据下表的评价指标进行评价。

核心素养	一级指标	二级指标	表现标准	评价等级
劳动观念	明确劳动概念	在社会实践中提高对劳动的认识	1. 认识果蔬的营养价值，会进行简单加工使其巧变身为关联食品，意识到健康生活知识及烹饪技能可以提高生活品质 2. 认识果蔬经营是一种劳动方式，也是走上社会后的一种生存技能	☆☆☆☆☆
		提高对劳动的认知	1. 感受劳动带来的成就与幸福 2. 通过经营活动产生的利润，让学生直观认识到劳动创造了价值	☆☆☆☆☆
	学会尊重劳动	对身边劳动者的态度	让尊重他人和自己的劳动成为一种习惯	☆☆☆☆☆
		对所获得的劳动成果的态度	1. 不浪费粮食，勤俭节约，光盘行动 2. 在经营活动中体会赚钱的不易，从而更加尊重父母的工作	☆☆☆☆☆

核心素养	一级指标	二级指标	表现标准	评价等级
劳动能力	实践操作	实践思路	1.掌握常见果蔬的基础烹饪过程 2.开始制作，盛出菜品，清洗餐具，保存剩菜，打扫卫生，排查安全隐患 3.调查市场，确定经营方式、经营计划，实施经营方案，分享交流 4.至少体验一种商品的经营方式	☆☆☆☆☆
		实践运用	1.能够根据家庭实际需要，掌握刀具、炊具的正确使用方法并进行实际操作 2.根据菜品的具体情况判断是否需要增减配料、食材等 3.根据食材的不同特性选择合适的烹饪方法，力求达到最佳效果 4.能够调查市场，写出经营计划、广告语，模拟演练，直到成功卖出商品获得相应的利润	☆☆☆☆☆
劳动能力	技能掌握	掌握知识	1.根据果蔬的不同品种，选择合适的切法、搭配方法 2.烹饪中出现意外情况时应冷静、不慌张、从容应对，必要时停止烹饪，积极寻求帮助 3.将商品进行包装，并写出适合各种经营活动的广告语 4.在经营活动中，实施微笑服务，卖出所有种植的果蔬及其加工品	☆☆☆☆☆
		学习优化	1.能通过实践操作发现简单烹饪的要领和技巧，找到优化的实践方法，并展示丰硕的劳动成果 2.通过不断优化经营活动，找到提高利润的方法	☆☆☆☆☆

续　表

核心素养	一级指标	二级指标	表现标准	评价等级
劳动精神	在劳动过程中领悟劳动精神	虚心学习	1.能在烹饪时不怕苦、不怕累，亲力亲为，有奉献精神 2.选择成功经营的案例，教育大家向成功卖出商品的学生学习	☆☆☆☆☆
		一丝不苟	1.能够细致认真地进行烹饪劳动，具有钻研探究、善于发现和思考的精神 2.能够详细地调查分析市场，实施恰当的经营方式，获得较多的利润	☆☆☆☆☆
	体会劳动过程的独特意义	勤俭节约	1.利用洗菜水、淘米水等浇灌植物，用果皮、豆类等自制肥料，废物利用、物尽其用，节约资源，不浪费水、电等 2.在义卖等经营活动中，乐于奉献，助人为乐	☆☆☆☆☆
		坚持创新	1.在劳动中能触类旁通地学会更多种烹饪方法和炊具的使用方法，从而解决更多问题 2.创新经营方式，互惠互利	☆☆☆☆☆

续 表

核心素养	一级指标	二级指标	表现标准	评价等级
劳动习惯和品质	养成良好的劳动习惯	自觉主动	1. 能积极主动参与烹饪劳动，愿意为他人服务 2. 学会为顾客着想，自愿服务于他人	☆☆☆☆☆
		持之以恒	1. 能安全地进行烹饪 2. 能够不厌其烦地为顾客介绍商品	☆☆☆☆☆
	培养良好的劳动品质	安全意识	1. 始终把安全放在第一位，烹饪时注意刀具、炊具的安全使用，处理特殊食材时戴手套，能规范、安全、有效地进行烹饪 2. 在经营活动中，始终把安全放在第一位，学会规避网络诈骗	☆☆☆☆☆
		责任规范	1. 烹饪时能够有始有终，劳动结束后能清理干净台面、地面上的水渍、菜叶等厨余垃圾，做好垃圾分类，养成自觉维护劳动成果的好习惯 2. 实施经营活动，要对商品的质量负责，腐烂的果蔬坚决不卖	☆☆☆☆☆

本主题设计案例由武汉市光谷第十二小学汪立辉、周琴琴撰稿。

项目主题十一　绿植美化饰校园

项目推荐

本项目主题属于小学劳动范畴。通过本主题劳动活动，学生可亲身经历种植绿植的过程，认识绿植的生长过程，体会劳动的快乐，在小学校园留下自己的足迹。本项目旨在让学生认识常见校园绿植的形状、生长特点，学习种植小工具的使用，了解各种土壤的配置等。本项目主题课程可引导学生将学习到的知识与生活实践相结合，在日常生活中加以运用，并在此过程中，树立正确的劳动价值观，增强责任意识，明白绿植花卉的成长离不开人们持之以恒、吃苦耐劳的劳动精神。

项目目标

认知目标

（1）通过自主查阅资料，了解常见校园绿植的名称、生长季节、外形特征和生长环境等。

（2）初步认识常见的劳动工具以及使用方法，例如铲子、耙子、剪刀和洒水壶等。

（3）观察记录校园绿植的生长特点、防护方法及病害防治方法。

（4）知道干花的制作方法。

行为目标

（1）能全面了解常见绿植的相关信息。

（2）能仔细观察并记录绿植的生长过程。

（3）能自主动手制作劳动产品，并进行展示交流。

（4）积极参与校园绿植养护过程，有规划地完成全过程。

情意目标

（1）认识绿植对人们生活的重要性，体会劳动能保护环境、美化人们的生活。

（2）能耐心、细心、用心培育绿植花卉。在劳动中呵护、爱惜绿植，在劳动中坚持不懈。

（3）增强责任意识，形成主动服务他人、服务学校的意识。

项目规划

项目流程	课程内容	活动方式	课时及场地	项目目标
明确过程	1.学生对学校的绿植生存环境进行调研，如拍照记录、图表汇总等 2.确认培育的绿植种类 3.了解四种绿植的特性，分小组确认养殖的绿植种类 4.熟悉绿植养殖技巧	资料调查收集	学校	认知目标（1） 行为目标（1） 情意目标（1）
学习步骤	任务一：认识植物 1.了解植物的名称由来 2.从气候、湿度、光照条件等方面了解校园绿植的生存环境 3.全班以四人为一组分组 4.小组确认养殖绿植类别 任务二：种植工具的认识 1.认识种植工具的种类：浇水类、施肥类、翻土类、修剪类等 2.教师提示工具使用技巧 3.设置不同的情境，以小组为单位简单练习工具的使用 4.小组汇报各自掌握的工具的使用方法、技巧，并上台跟同学分享	设计制作	学校家	认知目标（2）（3） 情意目标（1）

项目流程	课程内容	活动方式	课时及场地	项目目标
深入实践	任务一：开始种植 1. 小组领取选定绿植的种子或枝条、土壤、花盆以及所需工具 2. 教师带学生回忆种植步骤后分小组进行种植 3. 根据绿植的适宜生存条件，各小组有选择性地浇水施肥 4. 将绿植放在光照适宜的位置等待发芽 任务二：制作干花 1. 收集绿植的叶片、花朵，准备制作干花的材料 2. 了解干花制作程序 3. 动手制作干花 4. 按照制作程序持续跟进干花制作，直至干花制作完成 5. 妥善保存制作完毕的干花 任务三：展示 1. 为绿植做好身份小卡片 2. 将小卡片与作品一一绑定在一起 3. 选取适宜位置放置绿植 4. 等待观赏人员评价 5. 记录评价内容，将优缺点记录完整，不断改进并完善制作步骤	社会服务 职业体验	学校	行为目标（1）（2） 情意目标（1）
学会反思	1. 讲述种植过程中的有趣故事 2. 不断改进种植程序	职业体验	学校 家	情意目标（1）（2）

任务规程

任务一：查阅相关绿植资料

【绿植的选取】

根据不同绿植的生长习性和生长环境，选定以下绿植进行培养：含羞草、狼尾蕨、金盏菊、太阳花。

【绿植的认识】

1. 名字由来

含羞草：在路边偶尔会遇见这样一些与众不同的植物，当它们的叶片感应到外界的触碰时，会闭合小叶片并低垂下叶柄，就像在害羞似的，所以人们给它们取名为含羞草或者感应草、呼喝草、知羞草、怕丑草。而其产生反应的真正原因是含羞草的叶子会对热和光产生反应，在受到外力的作用后会立即闭合。

狼尾蕨：这种植物的叶片和根系极富特色。其叶片下端较长，越往上越窄，而其根系也不像其他植物一样藏在土中，而是裸露在外。由于根系又粗又长（一般为 6～12 cm），表面还附着褐色鳞片与毛，就像兔脚一样，因此花农称它为兔脚蕨或狼尾蕨。

金盏菊：金盏菊属于菊类一年生草本植物，植物全身笼罩着一层细小的绒毛，十分可爱。花瓣呈长圆形，一般为黄色或者橙黄色，人们根据它的形状将其称为金盏菊。

太阳花：这种拥有好几种颜色的小花朵不仅喜欢在阳光充足且干燥的环境中生长，而且只在有阳光的地方盛开，早上、晚上、阴天都不会盛开。故而得到了太阳花、午时花的名字。

2. 适宜种养环境

含羞草：含羞草生长十分迅速，适应性较强，喜欢潮湿、有营养的土壤，但是水分太多也容易死亡，所以适合在排水性良好并富含有机质的砂质土壤中生长。另外，环境温度也不宜过低，它需要吸收充足的阳光。

狼尾蕨：由于其特殊的根茎，因此它并不需要过多的水分，最好将其种植在疏松肥沃、排水性良好的沙壤土中。其对环境温度的要求特别高，最适宜的生长温度为 20～26℃，温度过高或者过低都会使它生长缓慢甚至停止生长。如果想在冬季种植狼尾蕨，需要将其移至室内，以防受冻。

金盏菊：这种植物的适应性较强，生长快，较耐寒，对土壤的要求不高。和大部分花卉一样，金盏菊喜欢阳光充足的环境，但害怕炎热天气。如果想让它生长得更好，可以选择阳光充足的地方，使用疏松、肥沃的微酸性土壤。

太阳花：太阳花生命力极强，只要气候温暖、阳光充足，在贫瘠的土壤中也能盛开，最喜欢排水性良好的砂质土壤。如果水分过多，阳光不足，太阳花则会生长不良。

任务二：种植工具的准备

种植不同的绿植需要不同的工具，因此学生需要提前了解种植绿植所需的工具及其使用方法。

【认识工具】

（1）容器类：瓦盆、瓷盆、塑料盆。
（2）铲土类：小铲子、小耙子、小铁锹、筒铲。
（3）浇水施肥类：洒水壶、喷水壶。
（4）修剪类：弯嘴剪刀。
（5）保护类：手套、靴子。

【工具的使用】

（1）铲子的使用：使用小铲子、小耙子松土，小铁锹用于移栽、换盆和施基肥。
（2）盆的使用：根据花卉的特点和种植地点选择合适的盆，确保和谐美观。
（3）洒水壶的使用：定期使用洒水壶浇水，增加湿度，弯嘴水壶用于定期施肥和喷药。
（4）保护类工具的使用：施肥、喷洒农药时注意佩戴手套。

【工具使用评价标准】

（1）注意劳动保护，并能安全操作。

（2）能根据花卉特点适当选择花盆。

（3）正确手持铲土工具，选取合适角度以便于操作。

（4）种植苗木时能利用手套扶苗，使苗木位置准确美观。

（5）使用水壶浇水时能控制水量，适当调节喷雾密度。

（6）能放入适量花肥喷洒绿植花卉。

（7）用弯嘴剪刀剪枝时，明确修剪的核心要领，剪枝干脆、美观。

【工具使用小技巧】

（1）小铲子松土：小铲子插入表面 3 cm 松土，小耙子来回滑动，勿伤主根。

（2）水壶浇水：根据水量控制倾斜角度；根据植物特点、季节调节每次的浇水量；草本多水，木本少水，多肉水最少；花萌发多水，花分芽控水，冬眠期少水；春夏渐增水，秋少水，冬季正常。

（3）剪刀剪枝：剪迟不剪早、剪粗不剪细、剪肥不剪瘦。

（4）盆景装饰：色彩和谐、大小适中、富有情趣。

任务三：绿植的种植

【认识土壤】

认识不同土壤的特点。

（1）沙土：大部分沙土来自河滩，这种土壤毫无肥力，结构松散，一般用来增加排水通气性，偶尔也被单独用作扦插或播种基质。

（2）园土：这种土壤通常取自菜园、果园等的地表层，因为经常被施肥，所以含有大量营养成分，是配置培养土必不可少的原料之一。但是由于其团粒结构好，干燥的时候表层易板结，易让植物死亡，因此不可以单独使用。

（3）自制土壤：包括腐叶土（由落叶、枯草等堆制而成，保水性强，通透性好）、草木灰（稻草或其他杂草焚烧后的灰，富含钾肥）、植物厨余（橘皮或香蕉皮等泡入水中发酵）、鸡蛋壳（晒干磨粉后放入土中）……

【绿植种植步骤】

1. 含羞草的种植

（1）种子的选择：选颗粒大、成熟饱满的果实播种。含羞草的种子要随采随种，采好种子后不要随意放置，否则不利于含羞草生根发芽。如果当时不能播种，可以将种子埋藏在细沙之中，等需要播种的时候再取出。

（2）准备盆土：准备酸性土壤（一般可用腐叶土、园土、沙土按3：5：2配置）以及底部有孔的盆，如果花盆底部孔较大也可以放置一些瓦片。

（3）准备播种：将土壤浇透，花盆较小的话，一盆只需栽种1～2颗种子，如果用浅盆育苗，则可以间隔2 cm播种。

（4）覆土：把含羞草的种子栽种好以后，可以在表面覆盖一层土壤以全部盖住含羞草的种子，然后用塑料膜将其封起来，再将盆搬到通风有散射光的地方进行养护。

2. 狼尾蕨的种植

（1）扦插：蕨类植物没有种子，一般通过孢子繁殖。这种方式太过繁杂，所以在校园种植时可以采用扦插的方法：①用剪刀剪下10 cm左右带有2～3个叶的狼尾蕨根状茎；②将其浅埋于土壤表层；③适当浇水使其保持湿润，一般40 d左右可以长出新根。

（2）覆土：将疏松透气的砂质土壤（没有也可以采用其他适宜土壤）覆盖于植物根系上方

3. 金盏菊的种植

（1）土壤的选择和前期处理：种植金盏菊一般选择疏松肥沃的土壤。若选择地栽，需要选在土层深厚的地方，之前种过瓜类或豆类更好。种植之前需要整平土壤，同时要施足基肥。若选择盆栽，可以用腐叶土、园土及沙土混合配置土壤，既有一定的腐殖质，又有不错的排水性。

（2）播种：将金盏菊的种子撒在土壤表面，上面覆盖一层细土。

4. 太阳花的种植

（1）播种时间：太阳花的播种不受时间限制，除冬季外，其他三个季节都可以播种。太阳花发芽适宜温度约为20℃。只要温度适宜，即可播种。

（2）土壤的准备：保证土壤疏松、透气、肥沃。贫瘠土壤也可以使太阳花生长，但生长效果不好。可以选用腐叶土、园土、沙土与少量的基肥混合配置。

（3）播种：播种前需要浇水保湿，当水分完全渗入土壤，就可以播种了。

（4）覆土：播种后，可以覆盖一层薄土。播种时温度低，可以覆盖一层薄膜，起到保暖保湿的作用。

任务四：自制干花

【自制干花程序】

1. 准备工具和搜集原料

（1）工具：压花器，包括吸水板（干燥板）、衬纸、海绵、密封袋、木板。

（2）原料：从自己种植的植物上剪下自己喜欢的花朵或者绿叶。

2. 动手制作

（1）在吸水板上放一张海绵再铺一张衬纸。

（2）把收集的植物花材整理平整，平铺在衬纸上。

（3）在植物上再铺上一层衬纸、一张海绵、一张吸水板。

（4）重复前三个步骤，最上层和最下层都是吸水板。

（5）全部弄好之后把它们放进密封袋里，夹在木板中间，将木板上面的螺丝拧到最紧，最后把密封袋封好。

（6）将制作过程详细记录在绿植生长记录本中，方便后期回顾。

3. 期待植物变干

（1）较厚的花材或植物需要隔一天或者隔两天换一次吸水板。

（2）做好的压花放进硫酸纸信封里保存，硫酸纸信封再放在密封袋里，尽量避免和空气接触。

【自制干花的评价标准】

（1）原料准备充足，制作前可以适当清洗一下植物。

（2）能够隔一到两天换一次吸水板，并及时干燥吸水板。

（3）放置压花器时要有耐心，不要弄破衬纸或海绵，海绵、衬纸以及吸水板叠放整齐。

【自制干花的技巧】

（1）在平铺植物花材的时候，如果花材较厚，花材之间就不要离得太近，应相隔一定距离。

（2）比较厚的植物上下都需要铺垫海绵，如果是比较薄的植物，就不需要铺垫海绵，比如叶子、较小的花朵等。

（3）制作过程中一定要完全密封，这样才能防止花材被氧化变色，制作完成之后也需要密封保存。

（4）换下来的吸水板经过烘干后可以再次使用，可以使用烤箱或者微波炉烤一下，也可以使用烘干机烘干或者太阳晒干。

任务五：任务展示，互相评价

【任务展示流程】

（1）准备材料：干花、新鲜绿植和绿植生长记录本。

（2）展示环节。

①以小组为单位，为小组种植的绿植编好独特的编号或者名称。

②对照绿植生长记录本，为每盆绿植以及制作的干花做一张独特的小卡片，记载绿植的名称、类别、特点、成长记录以及制作时的趣味故事。

③将卡片与对应的绿植以独特的方式捆绑在一起。

④在绿植展示区旁边准备一个大的展示板，观看人员在欣赏完小组作品后，将自己的评价写在便笺纸上并贴在展示板上。

⑤展示结束之后将便笺纸收集起来，整理记录好上面写的优点与缺点。

⑥在绿植生长记录本中将优缺点与操作步骤一一对应，保留好的操作步骤，改进差的操作步骤，进一步完善绿植生长记录本。

【任务展示评价标准】

（1）能够将自己的种植过程详细记录在绿植生长记录本中。

（2）可以根据学校的实际情况合理放置绿植与干花标本。

（3）能够合理编排绿植生长记录本，供人评价记录。

（4）能够针对不足之处提出具体解决方案。

（5）能虚心接受他人的评价。

评价指标

本项目评价主体为学生、伙伴、教师和家长，可依据下表的评价指标进行评价。

核心素养	一级指标	二级指标	表现标准	评价等级
劳动观念	明确劳动概念	在社会实践中提高对劳动的认识	通过种植绿植、手工制作了解劳动可以创造事物，让社会环境变得更加美好	☆☆☆☆☆
		提高个体对劳动的认知	通过将种子变成绿植的劳动过程，感受劳动的快乐，体会劳动创造价值的过程	☆☆☆☆☆
	学会尊重劳动	对身边劳动者的态度	了解劳动者的不易，明白所有劳动者都是一样的，不应轻视任何一位劳动者	☆☆☆☆☆
		对所获得的劳动成果的态度	知道当前所拥有的资源都是他人通过劳动得来的，所以不应该随意破坏社会环境，浪费社会资源	☆☆☆☆☆

核心素养	一级指标	二级指标	表现标准	评价等级
劳动能力	实践操作	实践思路	1. 根据校园实际情况以及个人爱好选择合适绿植进行栽种 2. 了解所栽种绿植的详细资料，明晰培育方法与栽种技巧 3. 收集植物的种子以及枝条 4. 进行栽种并做好记录 5. 栽种过程中不断总结经验，优化绿植生存环境 6. 了解干花制作方法 7. 选取适宜花材制作干花 8. 总结、评价、展示	☆☆☆☆☆
		习得方法	1. 充分了解栽种植物的特性 2. 不断练习制作技巧 3. 勤反思，总结经验	☆☆☆☆☆
		学习时长	从植物的选择到植物的栽培整个过程中要不断地练习	☆☆☆☆☆
劳动能力	实践技能运用	学会运用	1. 在绿植培育过程中记录绿植生长情况，改善绿植的生长环境 2. 在培育绿植的过程中不断总结种植步骤和方法的细微差别对种植结果的影响	☆☆☆☆☆
	技能掌握	掌握知识	通过不断尝试、记录并总结，找到促使绿植生长茂盛的要素	☆☆☆☆☆
		学习优化	绿植成活率、绿植生长美观程度都有所提高	☆☆☆☆☆

核心素养	一级指标	二级指标	表现标准	评价等级
劳动精神	在劳动过程中领悟劳动精神	坚持不懈	能够在绿植养护过程中不怕辛苦，每日查看绿植生长状况，并根据生长结果采取相应的养护措施。养护结束后将工具收拾好放置一旁，保证环境的干净整洁	☆☆☆☆☆
		一丝不苟	在制作过程中注意细节，从开始到结束认真负责地对待所有工作	☆☆☆☆☆
		勤俭节约	珍惜每一粒种子，不轻易放弃每一棵植物，不浪费材料	☆☆☆☆☆
	体会劳动过程的独特意义	坚持创新	不局限于教师提供的植物材料，在养殖过程中记录出现的问题并勤查、阅读课外资料，更新养护方法，勤创新，增加新方法	☆☆☆☆☆
劳动习惯和品质	养成良好的劳动习惯	自觉主动	积极主动地参与小组合作，主动分担小组事务	☆☆☆☆☆
		持之以恒	播种之后一直跟进绿植的生长情况，不中途放弃绿植，不轻易丢弃绿植	☆☆☆☆☆
	培养良好的劳动品质	安全意识	按照标准正确地使用工具，懂得保护自己不受伤害	☆☆☆☆☆
		全心全意	细致地记录绿植的生长情况，勤反思，不断提升种植技巧以及操作熟练度	☆☆☆☆☆

本主题设计案例由武汉市光谷第十二小学舒鑫宇、王文颖撰稿。

项目主题十二　小初衔接我成长

本项目主题是六年级下学期的课程内容，属于服务劳动范畴。六年级的学生即将告别小学校园，升入初中，在小升初的重要时间节点上，自主策划一个毕业文艺盛典。让学生参与毕业文艺盛典从前期准备到最终呈现的各个环节，掌握活动策划的基本技能，体验为他人付出的快乐。通过实地参观中学，让学生提前了解小学和初中在学科设置、作息时间等方面的差异，消除疑虑，缓解焦虑情绪，做好升入初中的心理准备，从而对初中生活产生期待和向往。

项目目标

认知目标

（1）全程策划并参与以"感恩"为主题的毕业文艺盛典，了解活动策划的具体流程，通过独立探究、小组合作等方式解决过程中遇到的问题，体验探究学习、自主实践的完整过程。

（2）实地参观中学的教室、操场、报告厅等各个场所，在实践中了解初中学生的日常生活，对自己升入初中后的学习和生活形成更全面、深入的认识。

行为目标

（1）通过策划和参与毕业文艺盛典，掌握活动流程制定、人员安排、组织分工、硬件调试等技能。

（2）实地参观中学校园，体验初中学生的日常生活，根据初中生的行为准则调整自身，提前培养良好的学习和生活习惯。

情意目标

（1）通过自主筹办毕业文艺盛典，提高独立探究、小组合作能力，通过解决实际问题，提升自我效能感，同时感受与他人团结协作、为了实现目标共同奋斗的快乐，以及为他人付出、奉献的幸福。

（2）通过实地参观中学校园，了解初中学生的日常学习生活，对初中生活充满期待和向往，增强自制力。

项目规划

项目流程	课程内容	活动方式	课时及场地	项目目标
明确过程	1.创设情境：现在已经是六年级的下学期了，再过几个月，学生就要向小学挥手告别，如何才能以平和从容的姿态踏上新的征途？让我们以感恩之心回首过去，以自信之姿展望未来，顺利度过小升初这一特殊时期 2.揭示主题：开展"小初衔接我成长"项目式学习，向在小学阶段对自己提供过帮助的人表达感恩，同时从容地拥抱初中新生活 3.明确任务 （1）了解举办毕业文艺盛典的各个环节与流程，根据具体工作内容合理分配人员 （2）实地参观初中校园，体验初中生活，提前为顺利升入初中做好准备	交流讨论 学生自主探究	1课时 教室	认知目标（1）

续　表

项目流程	课程内容	活动方式	课时及场地	项目目标
学习步骤	任务一：学习举办文艺活动的相关知识 1. 搜集资料，了解毕业文艺盛典的具体流程 2. 根据工作内容合理分组，进行人员安排 任务二：为前往初中校园实地参观做好准备 1. 明确本次参观活动的目的，带着问题去参观 2. 总结途中需要注意的安全事项	工作人员讲解收集资料询问他人主探究交流讨论	4课时学校及家中	认知目标（2）
深入实践	任务一：承办毕业文艺盛典 1. 撰写活动策划方案 2. 确定活动时间、地点、邀请对象 3. 根据活动规模做好充分的准备，拟定预算，提前采购或租赁所需物料（包括活动宣传海报、邀请函和节目清单等） 4. 撰写主持词，选拔主持人 5. 节目报名、筛选及彩排 6. 活动场地布置 7. 报告厅电脑、音响等设备调试 8. 礼仪、现场引导 任务二：前往初中校园实地参观 1. 进入校园整理队伍，展现适尔学子良好的精神风貌 2. 体验学习氛围，听一节初中一年级的课 3. 感受校园文化，参观操场、教室及功能室等 4. 合影留念 5. 返校后用文字或画记录对初中生活的畅想，并展出优秀作品	体验实践	8课时	认知目标（2） 行为目标（1）（2）

项目 流程	课程内容	活动 方式	课时 及场地	项目 目标
学会 反思	1.毕业文艺盛典结束后及时复盘，反思活动过程中出现的问题以及处理问题的方式，找到可以提升的地方，从经验中不断学习和成长，提高独立自主、小组合作、活动策划、落地执行等方面的能力。通过举办以"感恩"为主题的毕业文艺盛典，充分发挥个人和集体的力量，培养团结协作的精神，同时体验为他人奉献的快乐，增强服务意识 2.实地参观完中学后，对初中生活充满期待，对现阶段以及升入初中后的学习生活做出初步规划，对照初中生和小学生之间的差异，对自己的学习习惯、生活习惯等进行调整，以一名准初中生的标准严格要求自己	回顾 总结 交流 评价	2课时	行为目标（2） 情意目标（1）（2）

任务规程

任务一：学习举办文艺活动的相关知识

【学习程序】

（1）通过上网搜索、查阅相关书籍、询问有经验的教师等方式，全面了解举办文艺活动的流程。

（2）将初步了解的内容用PPT呈现，以小组为单位进行汇报展示，各小组在交流中相互借鉴、补充、完善。

（3）根据汇报展示的结果，最终生成一份包含文艺活动举办流程、注意事项等内容的参考资料。

【学习标准】

（1）熟悉举办文艺活动的大致流程。

（2）了解各分组的工作内容。

（3）熟悉举办文艺活动过程中的注意事项。

（4）小组汇报展示时呈现的PPT逻辑清晰，简洁美观。

【学习技巧】

（1）在初步搜集资料阶段，充分利用各方资源，通过各种方式了解相关知识。

（2）制作PPT时，对本组成员的资料进行初步整合和梳理，有条理地呈现PPT中的文字内容；此外，还可以在PPT中插入流程图、表格、图片等，便于理解。

（3）在汇报展示环节小组成员应分工明确，团结协作。

（4）观看其他小组的汇报展示时，及时对本组的内容进行取舍、补充和完善。

（5）生成最终参考资料时，注意语言文字的简洁、规范和逻辑性。

任务二：承办毕业文艺盛典

【承办毕业文艺盛典的程序】

（1）明确活动背景与目标，确定活动主题、时间、地点，撰写策划书。

（2）制作活动应急预案。

（3）根据工作内容，对参与筹备活动的工作人员进行招募、筛选和分组，包括策划组、宣传组、礼仪组、后勤保障组、舞台组等。

①策划组负责节目海选以及后续的彩排工作；负责节目主持人的选拔以及串词的审核；负责节目的整体编排和毕业文艺盛典全流程的衔接等。

②宣传组负责制作活动宣传海报；利用微信公众号等平台对本次活动进行

宣传预热；制作毕业文艺盛典的邀请函；拍摄并剪辑毕业文艺盛典的开场视频；活动过程中拍摄精彩瞬间及活动结束后拍摄大合影等。

③礼仪组负责引导受邀嘉宾签到，负责在活动现场迎宾及引导受邀嘉宾就座等。

④后勤保障组负责盘点活动需要用到的物资，以表格清单的形式呈现；制定活动预算并提交给学校相关部门进行审核；根据最终确定的预算清单，租赁和采购活动所需物资；活动结束后及时整理并清点物资，妥善保管可循环使用的物品，租赁的物品经检查无损坏后按时归还（若有损坏，照价赔偿）；活动结束后对活动现场进行清扫等。

⑤舞台组负责舞台设备的调试，包括音响、灯光等设备；负责毕业文艺盛典举办过程中节目道具、设备等的撤换；负责舞台背景的设计等。

（4）确定节目和主持人。发放并收集节目报名表，报名节目至少经过两次筛选。主持人先在各班级内部选拔，每班选出一男一女，初选过后参加本年级的选拔，最终确定主持人人选。

（5）收集各个节目需要用到的道具，制作成表格清单后统一购买或租赁。

（6）收集各个节目表演过程中需要用的灯光、背景等。

（7）对毕业文艺盛典进行宣传，提高本次活动的知名度。

（8）向嘉宾发放活动邀请函。

（9）安排节目彩排和主持人排练，对于需要修改的部分及时记录并告知，以便表演人员抓紧时间做出调整。

（10）提前一天布置活动场地，调试硬件设备。

（11）毕业文艺盛典严格按照流程进行，维持活动现场秩序，遇到突发情况及时处理或上报。

（12）毕业文艺盛典结束后，安排合影留念。

（13）清点、整理物资，对活动现场进行清扫。

【承办毕业文艺盛典的标准】

（1）活动背景与目标明晰，主题鲜明，时间、地点安排合理，策划书结构完整，流程清晰，文字内容有条理。

（2）应急预案中对活动过程中可能出现的情况考虑全面，应对方式得当。

（3）组织结构清晰，各组分工明确，团结协作，为实现目标共同努力。

①策划组。主持人、节目海选及后续彩排时间安排合理；在整体编排上，节目种类和形式多样，顺序安排得当，整体衔接流畅自然等。

②宣传组。宣传海报、邀请函的设计贴合主题，有创意，有美感；宣传效果良好，运用多种渠道进行宣传，使活动具有一定的知名度；毕业文艺盛典的开场视频剪辑流畅、有吸引力；活动过程中拍摄的照片、视频以及活动结束后拍摄的大合影光线和角度适宜，主体突出，避免同一画面重复拍摄次数过多。

③礼仪组。妥善保管签到表，清晰记录应到、实到人数和缺席嘉宾；及时引导到场嘉宾到指定位置就座，保证活动现场秩序良好等。

④后勤保障组。活动所需物资的表格清单条目清晰，物资列举齐全；严格对照清单制定预算，预算金额合理；在物资的购买和租赁过程中，能做到"货比三家"，选择性价比高的商品；妥善保管和维护活动中所用到的物资，尤其是租赁的物品，做到数量上无缺少，质量上无损坏；活动结束后，经专人清扫，活动场地干净整洁等。

⑤舞台组。能够熟练调试舞台音响、灯光等设备，保证舞台效果的呈现；各个节目的道具、设备撤换及时，活动流程紧凑；舞台背景的设计与本次活动主题高度契合，有创意，有美感等。

（4）节目和主持人的选拔过程秉承着公平、公正、公开的原则，严格按照规定的程序和标准进行，严禁徇私舞弊。

（5）各个节目所需道具要根据实际情况上报，充分利用现有资源，不浪费。

（6）各个节目所需灯光、背景与节目风格、主题、内容相契合。

（7）宣传效果好，活动知名度高，影响力大。

（8）提前发放邀请函，为受邀嘉宾预留足够的时间让其进行行程安排。

（9）排练时间安排合理，每次排练后给出的改进意见明确且可操作性强，各节目的表演人员调整迅速及时。

（10）活动场地的布置整体风格统一，与活动主题相契合，硬件设备运行正常。

（11）活动期间流程顺畅，井然有序，突发情况处理及时得当。

（12）大合影画面清晰，光线、角度适宜，主体突出。

（13）物资无缺少、无损坏，清扫后，活动现场干净整洁。

【承办毕业文艺盛典的技巧】

（1）撰写策划书之前充分查找相关资料，明确活动策划书的基本结构、要素等。另外，可以寻求他人帮助，向教师或家长请教。

（2）制作活动应急预案时，搜集并整理活动中可能出现的突发情况，并逐一制定相应的对策。

（3）活动筹备的分组要根据实际的工作量控制人数，不能只考虑个人意愿，否则会造成人员分配的不合理。各组除了要明确本组的任务之外，还要了解其他组的任务，以免造成工作内容的重复或缺失。

（4）选拔节目和主持人时可以邀请教师参与评审环节。

（5）各组准备所用道具时可以先查看学校是否有可利用的资源，避免浪费。

（6）可以利用学校公众号等多个平台进行活动宣传。

（7）邀请教师参与节目彩排，请教师提出更专业、更有针对性的意见。

（8）可以参考同类型活动布置活动场地，博采众长。

（9）节目所用道具、物资等委派专人管理，避免丢失。

任务三：前往初中校园实地参观

【实地参观流程】

（1）确定前往初中校园实地参观的人数、参观的时间等，与初中对接教师确认。

（2）根据初中与小学之间的实际距离，选择合适的路线和交通方式。

（3）正式前往初中参观之前，交流探讨想要通过此次参观了解什么、体验什么，明确参观目的和任务。

（4）以班级为单位开展主题班会，交流总结在参观过程中需要注意的问题（交通等）以及需要准备的物品（饮用水等）。

（5）每班指定两名小助手，在实地参观过程中协助教师清点人数、维持秩序等。

（6）由带队教师带领，分批次前往初中实地参观。

①在武汉市光谷第十二小学篮球场集合，各班带队教师或小助手清点人数、整理队伍后排队登上大巴。

②集体乘大巴前往武汉市光谷第四初级中学。

③到达武汉市光谷第四初级中学后，全体学生安静有序下车，带队教师或各班小助手再次清点人数，整理队伍，按照每班两列纵队站立。

④由武汉市光谷第四初级中学负责教师带领，集体前往学校报告厅，按要求迅速入座，听一节初中教师上的课。

⑤听完课后，在武汉市光谷第四初级中学负责教师的带领下依次前往学校的操场、教室以及其他功能室，参观途中认真聆听教师的讲解。

⑥参观结束后校门口集合，各班整理好队伍后邀请武汉市光谷第四初级中学教师拍摄合影。

⑦以班级为单位，呈两列纵队站立，排队有序登上返程大巴。

⑧到达武汉市光谷第十二小学后，全体学生安静有序下车，带队教师或各班小助手再次清点人数，整理队伍，依次带回教室。

⑨返校后对现阶段及升入初中后的学习生活做出初步规划，畅想初中生活，用文字或绘画记录下自己对未来初中生活的期待，经筛选后将优秀作品展出。

⑩对照初中生和小学生之间的差异，对自己的学习习惯、生活习惯进行调整。

【实地参观标准】

（1）明确两所学校之间的实际距离，选择合适的路线和交通方式。

（2）参观目标和任务明确，带着问题和思考参与本次活动，在活动中寻找答案。

（3）明确参观过程中需要注意的问题和需要携带的物品。

（4）排队上下车及参观过程中不拥挤、不打闹，维持良好的秩序。

（5）参观过程中遵守规则，听从安排，举止文明，展现良好的精神风貌，避免扰乱学校的正常教学秩序。

（6）听课时集中注意力，积极参与，珍惜和教师之间的互动机会，感受初中课堂与小学课堂的不同之处。

（7）在参观学校功能室时，认真聆听教师的讲解，积极参与互动。

（8）返校后针对现阶段及升入初中后的学习所做的规划具有可实现性。

（9）文字或绘画作品能体现作者积极向上的态度、对初中生活的憧憬等，呈现形式生动活泼、有创意。

（10）改变学习、生活习惯，为初中学习生活做准备，在自主性、自制力等方面均有所提高。

【实地参观技巧】

（1）可以利用高德地图等工具计算学校之间的距离。

（2）小组交流探讨此次参观的目的和任务，总结对初中生活的疑问。

（3）随身携带的物品尽量精简，减轻参观过程中体力上的负担。

（4）两名小助手分别站在本班队伍前和后，控制前进速度，同时避免学生掉队。

（5）参观过程中认真聆听讲解，必要时可利用纸笔记录。

（6）规划现阶段及初中学习生活时，可以采用表格、流程图等方式。

（7）在制定计划时还要注意结合现实情况，在对自己进行客观评价的前提下，尽量细化目标，方便后续执行。

（8）文字和绘画作品可以在充分表达主题的前提下，采用多种形式，例如文字作品可以包括诗歌等体裁，绘画作品可以包括水彩画、国画、版画等。

【评价指标】

本项目评价主体为学生、伙伴和教师，可依据下表的评价指标进行评价。

核心素养	一级指标	二级指标	表现标准	评价等级
劳动观念	明确劳动概念	在社会实践中提高对劳动的认识	通过承办毕业文艺盛典，明白一场活动的顺利举办离不开每一位成员的团结协作。认识到美好生活、和谐社会也需要辛勤劳动来创造	☆☆☆☆☆
		提高个体对劳动的认知	通过承办毕业文艺盛典，用自己的实际行动感恩他人，体验劳动带来的快乐和满足感，感受为他人服务的价值感和幸福感	☆☆☆☆☆
	实践操作	实践思路	掌握承办文艺活动的基本程序	☆☆☆☆☆
		习得方法	掌握承办文艺活动的技巧	☆☆☆☆☆
		学习时长	能够在今后的学习生活中熟练运用这些劳动技能	☆☆☆☆☆
劳动能力	实践技能运用	学会运用	运用书籍、网络等渠道进行信息检索，熟知举办文艺活动的基本流程和工作内容，为受邀嘉宾呈现一场精彩的毕业文艺盛典	☆☆☆☆☆
	技能掌握	掌握知识	1.勤学多问，在思考中学习、进步 2.从细微处入手，注重细节	☆☆☆☆☆
		学习优化	勤于反思，通过总结回顾及时发现不足，弥补缺陷	☆☆☆☆☆

核心素养	一级指标	二级指标	表现标准	评价等级
劳动精神	在学习劳动过程中领悟劳动精神	勇于探索	在劳动过程中不怕脏、不怕累，肯吃苦、肯付出，克服畏难情绪，遇到问题时能够迎难而上，积极探索解决办法	☆☆☆☆☆
		精益求精	劳动时细致、认真，注重细节，不断反思、优化，精益求精	☆☆☆☆☆
	体会劳动过程的独特意义	勤俭节约	举办毕业文艺盛典时充分利用学校现有物料和资源，减少不必要的预算和支出，避免浪费	☆☆☆☆☆
		坚持创新	学习特定的劳动技能后能够举一反三，将其运用到更广泛的具体情境中，例如在其他情境中与他人团结协作	☆☆☆☆☆
劳动习惯和品质	养成良好的劳动习惯	自觉主动	能够珍惜他人和自己的劳动成果，并主动参与到劳动中，为他人和自己服务	☆☆☆☆☆
		持之以恒	能养成良好的劳动习惯，体验劳动的快乐	☆☆☆☆☆
	培养良好的劳动品质	安全意识	在劳动过程中严格遵守操作流程和标准	☆☆☆☆☆
		认真落实	劳动时认真负责，态度端正	☆☆☆☆☆

本主题设计案例由武汉市光谷第十二小学杨梅、王宁缘撰稿。